トランプ暗殺指令

ディープステートとの最終戦争が始まる！

船瀬俊介
Shunsuke Funase

ビジネス社

プロローグ

二〇〇〇年に一度、世界革命が始まる

――トランプ圧勝！　人類史の新しい夜明けだ

〝光の勢力〟が〝闇の勢力〟を打ち負かす

＊悪魔教（サタニスト）に鉄鎚

トランプ圧勝は、世界革命である。
それは、人類史の新しい夜明けだ。
二〇二四年一一月二〇日、トランプは米大統領選に完全勝利した。

その意味は極めて重い。それは、たんなる一国の大統領の選出にとどまらない。

二〇〇〇年に一度——。

まさに人類史の大転換をなす。

一大エポックメイキングといってよい。

かつて、人類史には歴史的大事件が、たびたび起こっている。

十字軍遠征（一〇九五～一二九一年）。

東ローマ帝国滅亡（一四五三年）……。

第二次大戦終結（一九四五年）……。

これらに比して、どうしてトランプ選出が人類史を変える大事件たりうるのか？

それは、たんなる選挙戦の勝利にとどまらない。

トランプ対ハリスの戦いは、共和党と民主党の戦いではすまなかった。

世界の対立軸は、グローバリズムvs.ローカリズム

グローバリズム “闇の勢力”		ローカリズム “光の勢力”
《悪魔教》(サタニスト)	⟺	《既存宗教》(多神信仰)
《新世界秩序》(NWO)	⟺	《地域自立主義》
《全体主義》(ファシズム)	⟺	《民主主義》(デモクラシズム)
人類家畜社会	⟺	多様共生社会
国家・宗教を廃絶	⟺	国家・民族が繁栄
財産・子供・住居没収	⟺	財産・居住・職業自由
地球人口を5億人に	⟺	成長と調和の地球社会へ
米、欧、加、豪、日	⟺	中、露、印、中南米、中東、アフリカ
“遺伝子ワクチン”	⟺	“既存ワクチン”
人口削減	⟺	人口不変
バイデン、エリザベス女王 ローマ法王、ゼレンスキー	⟺	トランプ、習近平、プーチン

世界は“闇”と“光”の勢力の闘いだ！

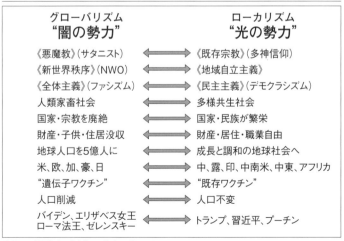

〝光の勢力〟対〝闇の勢力〟の決戦である。さらに〝ローカリスト〟vs.〝グローバリスト〟の戦いでもあった。前ページの表で、その対立項を明示した。

〝グローバリスト〟は〝サタニスト〟である。かれらは悪魔教を信奉している。

トランプ大勝は、この悪魔教徒（サタニスト）に鉄鎚《てっつい》を下したのだ。

＊選挙犯罪、〝バイデンジャンプ〟

世界が〝光〟（正義）に支配されるか？　〝闇〟（悪魔）に支配されるか？

まさに、ギリギリの瀬戸際だった。そして――。〝光〟は〝闇〟に打ち勝った。

人類は闇の奈落に墜ちるのか？　光の希望に向かうのか？

まさにギリギリの淵《ふち》にあった。

わたしは祈る思いで一一月二〇日を迎えた。

わたしには、二〇二〇年大統領選挙の悪夢が胸をよぎっていた。

あの時、開票ではトランプ優勢だった。

それが一夜開けたらバイデン勝利……!?

いったい何が起こったのか？　キツネにつままれるとは、このことだ。

それが〝バイデンジャンプ〟だ。その理由も後に判明する。

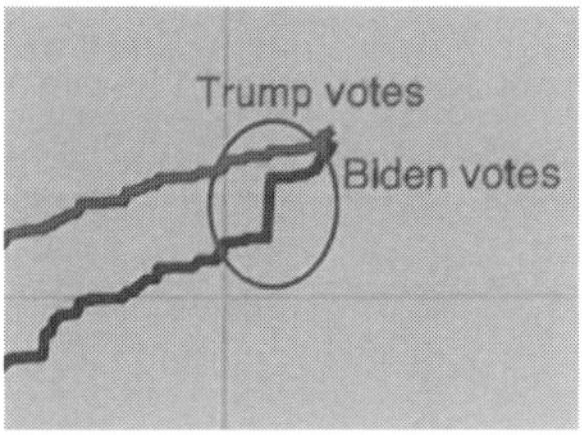

犯罪選挙の決定証拠
「バイデンジャンプ」

深夜、開票場に白いバンが乗り付けた。そこから、なんと約一四万票もの投票用紙が集計機に投入されたのだ。それらは、すべてバイデン票であった。監視カメラには、大量の不正票を荷降ろしする怪しい男たちも写っている。この決定的証拠一つでバイデン当選は無効である。当然、トランプ陣営の共和党側は、これらに対して強く抗議した。

しかし、選挙管理委員会は「たんなる集計ミス」と訴えを黙殺したのだ。

二〇二〇年、悪魔勢力が大統領職を盗んだ

＊六五か国以上が不正に関与

不正は、これだけにとどまらなかった。わたしは、〝バイデンジャンプ〟のグラフにあぜんとした。そして激しい怒りがこみあげてきた。このような不正を許してはならない。

開票日の翌朝から、わたしはワープロのキーを打ち始めた。

こうして書き上げたのが『アメリカ不正選挙２０２０』（成甲書房）だ。

「……ＪＦＫ暗殺、９・11をしのぐ巨大陰謀」「忘れてはいけない歴史記録」「バイデンが『盗んだ』大統領の座！　これが『トランプ狩り』の全真相！」。わたしの思いをくみ取ってほしい。

アメリカ政府の公式報告書『ピーター・ナバロ報告』は、こう断じている。

「……この犯罪選挙がなければ、トランプは五〇州のうち四九州で圧勝していた」

そして驚愕《きょうがく》事実を告発している。

「……この不正に関わった国々は、少なくとも六五か国にのぼる」

つまり〝二〇二〇年不正選挙〟は、米国内犯罪ではなかった。

世界規模の超巨大な組織犯罪だったのだ。

＊ワシントンD.C.も司法も沼はワニだらけ

六五か国以上が不正に関与……。

ということは、これらの国々は、すべて悪魔勢力に支配されているということだ。

わたしは『アメリカ不正選挙２０２０』（前出）を書き進めていくうちに、めまいを覚えた。

それほど、この選挙犯罪は大掛かりだった。この本を一読すれば、あなたも同じ感覚を味わうだろう。なにしろ全米規模の選挙犯罪に用いられた投票集計機会社ドミニオン社コンピュータのサーバーは、ドイツのフランクフルトから、スイス、イタリア……そしてバチカンにまでつながっていた。そしてドミニオンの不正アルゴニズム（数式）を書き替えるために使用されたのがイタリアの軍事衛星なのだ。わたしは書き進めるうちに、壮大なスパイ映画を見ているような錯覚に囚《とら》われた。まさに、事実は小説より奇なり……。

トランプ側の弁護士は「不正の証拠は山のようにある」「それは消火栓のように噴出している」と言い切った。「私は不正を目撃した」「自分は不正を行った」……。

そのような宣誓供述書は千通をはるかに超えた。これは物的証拠に匹敵する。

なのに全米の裁判所は、すべてこれらを不受理、棄却した。

トランプは「ワシントンD.C.の沼はワニだらけだった」と激怒した。

しかし、司法の場すらもワニの巣窟《そうくつ》だった……。

世界のメディアも悪魔たちの手に墜ちた

＊CNN、CBS、NYタイムズ……

そしてメディアの世界もワニたちがうごめいていた。

CNN、CBS、NYタイムズ……など主要メディアは、山のようにある不正選挙の証拠をすべて黙殺した。それはなんとSNSも同じだった。

ツイッター（現X）は、不正を訴えるトランプのアカウントを永久凍結した。

政治も司法もテレビも新聞もネットも、ワニだらけ……。

これがアメリカの、いや世界の恐ろしい現実だった。

二〇二〇年の米大統領選は、この恐ろしい戦慄すべき現実をわれわれに突き付けたのだ。

しかし、この背筋の凍る現状に気づいた人々、目覚めた人々は一握りにすぎなかった。

大半の人々は〝ワニ〟たちの言い分を信じたのである。

ちなみに日本のマスコミも、すべてが〝ワニ〟だらけである。

〝かれら〟は望もうと望むまいと、恐ろしい悪魔勢力の一翼をなしているのだ。

＊朝日新聞は保育園レベル

たとえば朝日新聞などは「不正選挙と言うのは〝陰謀論〟」という悪質キャンペーンを執拗に繰り広げた。そして「自分たちは、ちゃんとウラを取っている」と主張する。

〝かれら〟の「不正はなかった」という根拠に吹き出してしまった。

「……ドミニオンの社長が、『不正はやってない』と言っているんです！」

まさに噴飯……。保育園レベル以下の〝言い訳〟だ。

わたしは最初、これを苦し紛《まぎ》れの言い逃れかと思っていた。

しかし、どうやら朝日新聞の記者諸君は本気でそう思っている。そう信じている。

「……〝犯人〟は『やってない』と言っているんです！」。こうなるともはや知的崩壊である。アタマが悪いというレベルではない。それを通り越している。

〝犯人〟は「やってない」と言うに決まっている。「やりました」と言うはずもない。それから真の調査報道が始まる。それがジャーナリズムの〝イロハ〟だ。

しかし知性がいったん〝ワニ〟のレベルに墜ちた人間は、それすら気づかない。

かれら記者諸君が墜ちた〝洗脳〟の闇は、これほどに深い。

＊「私は必ず戻ってくる……」

トランプは一通の手紙を大統領執務室に残して、ホワイトハウスを去った。

「……Joe You know I won……」（ジョー、わかっているな。私が勝ったのだ」

悪辣《あくらつ》な犯罪選挙に怒った民兵連合組織〝ミリシア〟は「武装蜂起する」と宣言した。

トランプは反乱法に署名し、犯罪選挙に荷担した人物を国家反逆罪で大量逮捕している……。

そういう憶測も根強く囁《ささや》かれた。これら驚愕内容を一斉に流す「緊急放送（EBS）が行われる」……という噂が流れた。全世界の目覚めた人々はそれに一縷《いちる》の望みを託した。

しかし、武装蜂起も緊急放送も起こらなかった。わたしは、それらをトランプがとどめた……と確信している。それを行えば、米国民同士が血を流し合うことになる。

そして、内戦勃発は避けられない。それだけは防ぎたい……。彼の心中が伝わってくる。

だから彼は沈黙を保ち、自ら身を引いた。一行の手紙をバイデンに残して……。

しかし、彼は退任の演説で、こう誓っているのだ。

「……私は、必ず戻ってくる」

そして、彼は、その約束を果たした――。

人口五億人以下に！　悪魔たちが狙う人類家畜社会

＊〝悪魔のピラミッド〟を解体

――トランプ復帰が人類史における最大の出来事だと述べた。

その理由を語ろう。それは人類を支配してきた〝闇の勢力〟に完全勝利したからだ。

それは三層構造をなしている。
（1）〝イルミナティ〟、（2）〝フリーメイソン〟、（3）〝ディープステート〟（DS）。
トランプは、選挙戦の最中「ディープステートを解体する」と名指しで宣言した。

それは、（1）（2）（3）の〝悪魔のピラミッド〟を解体する……という意味だ。

〝イルミナティ〟は一七七六年、マイヤー・アムシェル・ロスチャイルドが創設した国際秘密結社だ。彼はイエズス会のアダム・ヴァイスハウプトを看板にして、世界征服のための結社を創設したのだ。

彼はそれに先立つ一七七三年、弱冠三〇歳にして、全欧州から一二人の実力者をフランクフルトに糾合し、こう宣言した。

「……あらゆる国家、民族、宗教を殲滅《せんめつ》し、地球統一政府を樹立する」

つまり地球を丸ごと支配する。

ここに悪魔的グローバリズムが誕生したのだ。

マイヤーは、その目的達成の計画「二五箇条計画」も採択している。

＊NWOは暗黒の人類家畜社会

当時のドイツ国王は〝イルミナティ〟を危険結社

世界を裏から操る“闇の勢力”は三層構造だ

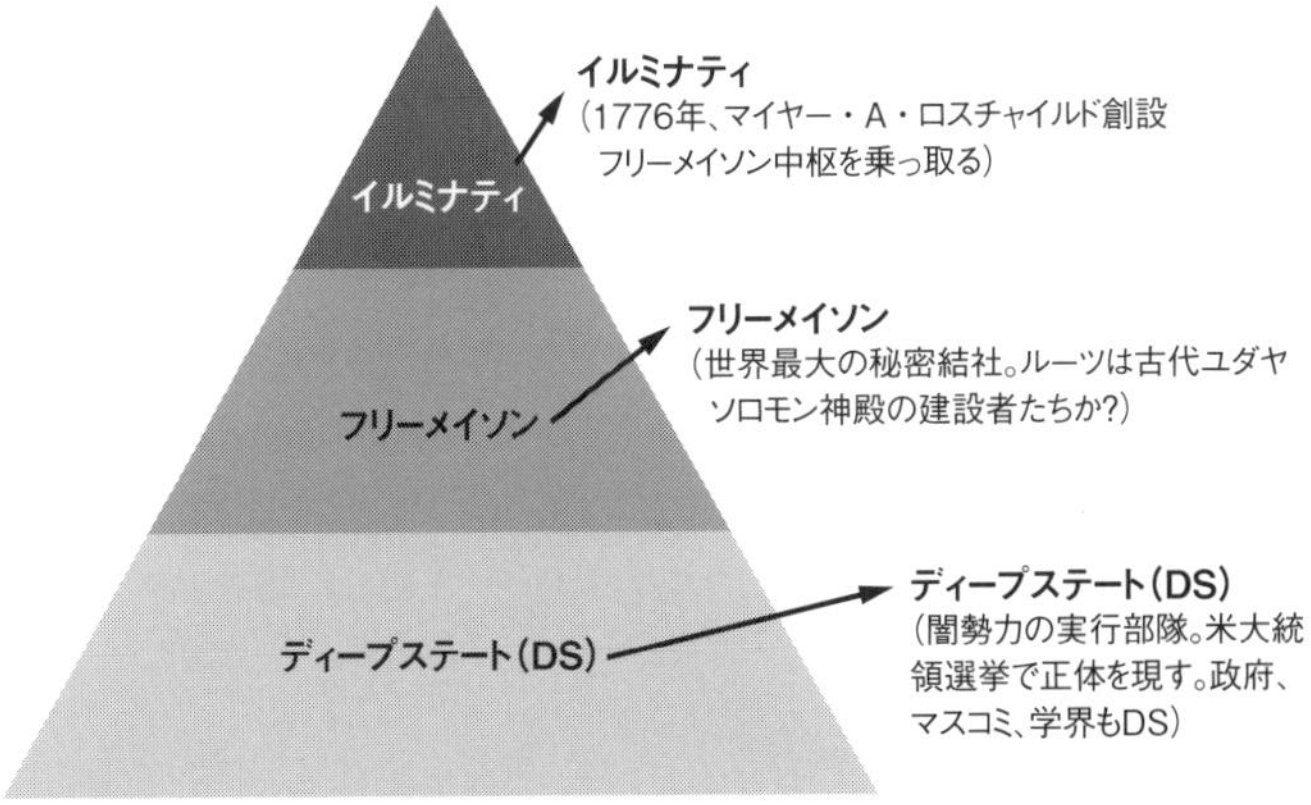
イルミナティ
(1776年、マイヤー・A・ロスチャイルド創設
フリーメイソン中枢を乗っ取る)
イルミナティ
フリーメイソン
(世界最大の秘密結社。ルーツは古代ユダヤ
ソロモン神殿の建設者たちか?)
フリーメイソン
ディープステート(DS)
(闇勢力の実行部隊。米大統領選挙で正体を現す。政府、マスコミ、学界もDS)
ディープステート(DS)

この“黒いピラミッド”こそ悪の枢軸だ

と認定、一七八六年に禁止令を発動している。

しかし〝かれら〟は既存の国際秘密結社（2）〝フリーメイソン〟に潜入し生き延びた。

二つの悪魔的秘密結社は、合体してより強固なものとなった。
（3）ディープステート（ＤＳ）は、その世界征服の目的達成のための実行組織である。
ちなみにロスチャイルドとロックフェラー二大財閥は、これら黒いピラミッドを支配する双璧である。さらに世界を支配してきたＤＳの三大拠点がある。

バチカン（精神支配）、ワシントンＤ.Ｃ.（政治支配）、ロンドン・シティ（経済支配）である。

この悪魔のトライアングルが人類を闇から支配してきたのだ。

グローバリストたちの究極目的がＮＷＯ（ニュー・ワールド・オーダー：新世界秩序）だ。

〝闇勢力〟の中枢を占めるのはユダヤ金融資本だ。ユダヤ教は異教徒を〝ゴイム（獣）〟とさげすんでいる。ＮＷＯは〝ゴイム（獣）〟を家畜として使役する社会だ。

ＮＷＯは以下の一〇大特徴がある。

①世界政府、②人口削減、③財産没収、④強制移住、⑤宗教禁止、
⑥反対圧殺、⑦子供没収、⑧最低教育、⑨職業供与、⑩国家管理

＊死体の山と巨万の富を築く

〝やつら〟の宿願はＮＷＯ建設だ。

それ以前に地球人口を五億人以下に削減する（ジョージア・ガイドストーン）。

現在の地球人口は約八〇億人。だから七〇億人以上を〝殺害〟する。そのため〝やつら〟は戦争を絶えず繰り返してきた。戦争と医療は〝人殺し〟と〝金儲け〟の最高手段だ。

有害な食品を人類に与えて病人だらけにして、医療利権で荒稼ぎしてきた。まさにマッチポンプ……。悪魔勢力は、やりたい放題。こうして死体の山と巨万の富を築いてきたのだ。

戦争も医療も巧妙悪質な〝洗脳〟でハイジャックされ、実行されてきたのだ。

そうして人類は命とカネを奪われてきた。目を覚ますときだ。

＊トランプ、悪魔の企《たくら》み粉砕

二〇二四年、大統領選挙は、まさに〝悪魔〟と〝正義〟の決戦だった。

そして正義が勝利した。人類家畜化――という悪夢の未来を目論む勢力は完敗した。

〝光〟が〝闇〟に勝ったのだ。人類を数千年にわたって支配してきた悪魔勢力を粉砕した。

この意味は限りなく大きい。

この選挙に負けていたら、人類は悪魔たちが支配する地獄に墜ちていただろう。まさに剣が峰……。実に薄氷を踏むような戦いだった。

しかし、まだまだ油断はならない。選挙に負けても、〝やつら〟は諦めていない。ある意味、追い詰められた悪魔勢力は恐ろしい。何をしでかすかわからない。油断は大敵だろう。トランプ暗殺をさらに仕掛けてくる可能性は捨てきれない。最大限の注意をしながら、前に進み続けなければならない。

人類史、未来への新しい扉が開かれる

＊量子力学、宇宙古代学、ＢＲＩＣＳ

トランプ勝利は、人類史における新しい未来への扉を開く――。

その扉は三つある。

（１）量子力学の勃興、（２）宇宙古代学の新生、（３）ＢＲＩＣＳの台頭

要点を解説する。

（１）量子力学：人類二〇〇〇年の科学史は根底から覆《くつがえ》される。

それは「量子もつれ」「重ね合わせ」「テレポーテーション」の三大理論で特徴づけられる。

それらは、さらに「波動医学」「惑星航法」「量子コンピュータ」など新技術に道を拓《ひら》く。

すでにトランプ政権ナンバー2となったイーロン・マスクは「……テスラがメドベッドを製作する」と宣言している。これまで迷信とされてきた「幽体離脱」「霊魂存在」「輪廻転生」「憑意現象」、さらには「遠隔透視」などの超常能力なども量子力学により証明されている。「テレポーテーション」は時空間移動すら実証しているのだ。

(2) 宇宙古代学：「テレポーテーション」の実在は惑星間、時空間の瞬間移動が可能であることを実証した。だから異星人やＵＦＯは時空間を超えて、瞬時に到達していた。
つまり地球文明は、地球外生命体の関与なしでは成り立たなかった。

トランプは「エイリアンとＵＦＯに関する情報は、すべて公開する」と公約している。

人類史は新しい宇宙古代学により根底から書き替えられるだろう。

(3) BRICS：〝闇の勢力〟の別名は〝白い悪魔〟だ。
人類史において南の有色人種と民族は、白人により弾圧、支配、略奪されてきた。

その南世界の国々がウクライナ戦争をきっかけに一致団結して新しい勢力を結集した。

それがＢＲＩＣＳだ。ブラジル、ロシア、インド、南アフリカ、中国……。

そこにアフリカやアラブ諸国、アジア、中南米などの国々が急速に集結している。

そうしてグローバルサウスと呼ばれる一大経済圏を形成しつつある。
これらの国々は、すべて反グローバリズムだ。各々、自国ファ、、、ーストなのだ。
だからトランプ政権がBRICS側に立つことは、まちがいない。

＊イーロン・マスクこそ近未来文明

超天才イーロン・マスクがトランプ政権に参加した意味は大きい。
彼の存在は——近未来文明——そのものだ。
彼の挑戦こそが、すべて来たるべき二一世紀文明の姿なのだ。

▼テスラEV：完全自動運転（FSD）を達成し未来の自動車社会を完全制覇。
▼ロボタクシー：将来は、無人タクシー、無人バスが人々を安価で安全に運ぶ。
▼ハイパーループ：空気鉄砲原理で列車はチューブ内を時速一二〇〇㎞で走行。
▼オプティマス：人型ロボットは、未来の産業と生活を根底から変えるだろう。
▼スターリンク：未来インターネットを構築し砂漠や海洋でも通信可能となる。
▼スペースX：宇宙ロケット旅客機で東京・ニューヨークも三六分で結ばれる。
▼メガパック：巨大蓄電池で自然エネルギーを貯蔵し持続可能な社会が実現。

▼プレハブ住宅：〝工期〟わずか一時間！　超廉価、超快適住宅が供給される。

――以上。これら夢のＳＦ的文明をイーロン・マスクはすべて実現させている。

トランプは、彼を全面支援し、新しいアメリカ文明を構築しようとしている。

これこそが、彼の次の宣言の実現なのだ。

〝Make America Great Again〟（アメリカを再び偉大な国にする）――。

トランプ完全勝利の果実は、このように素晴らしい夢と希望に満ちている……。

興奮とときめきで、新しい時代の夜明けを迎えようではないか……！

プロローグ

二〇〇〇年に一度、世界革命が始まる
――トランプ圧勝！ 人類史の新しい夜明けだ

第1章

コロナとワクチンは人類抹殺計画、巨大犯罪のルツボだ
――大量殺人、殺人教唆、強要罪、重過失致死傷罪、詐欺罪……

第2章

『アメリカ不正選挙2020』オバマ、バイデン、ハリスを逮捕せよ

――反乱法による国家反逆罪、叶わなかった内容を明らかに……

第3章

LGBT、ポリコレetc、悪魔勢力の人類家畜化だ

——国家、民族、宗教を破壊し、人類を堕落させ人口五億人以下に

第4章

トランプDS解体「10大改革」は米国史上最大の革命だ

――腐敗、癒着、犯罪……ワシントンD.C.沼のワニたちが一掃される

第5章

イーロン・マスク、ロバート・ケネディ・ジュニア参加で真の革命へ！

――政府四分の三をカット、コロナ・ワクチン殺人で大量逮捕

第6章

イーロンはトランプ政権ナンバー2、未来文明は激変する
――EV、自動運転、人型ロボット、スターリンク、スペースX……

第7章

不法移民の目的は人身売買、小児性愛、アドレノクロム、NWO

――オバマ夫妻すでに国外逃亡！　これから大規模な責任追及と逮捕が始まる

第8章

ウクライナ戦争を終わらせ、中東危機も終息、BRICSと協調

――戦火よりも休戦、殺戮よりも和平、対立よりも共栄を推進する！

第9章

日米安保は終わる？ トランプ提案で日本は独立国家に！

――日本が生き残る道は小武装、中立、非同盟、そして全方位外交

エピローグ

「トランプを暗殺せよ！」〝やつら〟は決して諦めない

——〝悪魔〟たちの報復と反撃に備えよ。油断は禁物だ。

第1章

コロナとワクチンは人類抹殺計画、巨大犯罪のルツボだ

――大量殺人、殺人教唆、強要罪、重過失致死傷罪、詐欺罪……

ペスト、スペイン風邪、コロナ禍……悪魔たちの陰謀

＊地球人口を五億人以下にする

「……適正地球人口は五億人以下である」（ジョージア・ガイドストーン）

これは一九八〇年、米ジョージア州の丘の上に忽然と出現した石碑に刻まれた文字である。八か国語の銘文。建立者は不明。謎の石碑は〝二〇世紀のモーゼ十戒〟などと喧伝されてきた。

しかし研究者たちの見解は一致している。これは国際秘密結社〝フリーメイソン〟が世界に発したメッセージである。ポイントは地球の理想人口を〝五億人以下〟と断定していることだ。

この秘密結社〝フリーメイソン〟は数千年の歴史がある……と言う。古くは古代エジプトにまで起源はさかのぼるとすら言われている。

この国際的な秘密組織は名称や姿を巧妙に変えて、連綿として人類史を背後から操《あやつ》ってきた。中世には石工組合に潜入して乗っ取った。だから名称は〝フリーメイソン〟（自由な石工）とされて今日に至る。

一七一七年、ロンドンに大ロッジを建立し、世界の中央本部とした。

一七二三年〝フリーメイソン大憲章〟を作成し、その目的を世界統一政府樹立としている。

一七七六年、マイヤー・アムシェル・ロスチャイルドが結成した〝イルミナティ〟が掲げた世界征服二五箇条の計画書も「世界統一政府の樹立」である。

目的が同じなので、両者は密約を結んで合体したのである。

〝やつら〟の目的の一つに人口削減がある。その究極目的のNWO（ニュー・ワールド・オーダー）筆頭が人口の大幅削減なのだ。ジョージア・ガイドストーンは、悪魔勢力による全人類への〝布告〟である。

「人類抹殺宣言！」（ガイドストーン）

＊戦地に赴《おもむ》く兵士に〝予防注射〟

〝やつら〟は世界的疫病も人口削減のためにたびたび人類に仕掛けてきた。

世界は、これまでコレラ、ペスト、スペイン風邪……と、ほぼ一〇〇年おきに疫病に襲われてきた。これらは一見、偶然にみえる。しかし真実は、そうではない。

これら流行の間隔は、ほぼ一〇〇年おきとなっている。

不思議とは思わないか――。

これらは悪魔勢力が人口削減のために仕掛けてきた人類への〝攻撃〟とみてまちがいない。

たとえばスペイン風邪は一九一九年、第一次世界大戦に従軍するアメリカ軍の若い兵士たちから欧州戦線に拡大した悪性インフルエンザだ。

この時、兵隊たちは複数の〝予防接種〟の注射を強制されている。その毒性はすさまじく、注射直後に昏倒し、戦地に向かう輸送船の中で発病し命を落とす兵士もあいついだ。

欧州戦線でも塹壕《ざんごう》戦が主体で衛生環境も悪かったので、〝予防接種〟という名の毒物注射が複数回強制された。そこでインフルエンザ・ウイルスが突然変異で悪性化、凶暴化した。

感染は欧州全域に拡大して、主に軍隊と物資の移動により全世界を巻き込むパンデミック（世界的流行）となった。最初の原因が従軍兵士に打たれた〝予防接種〟なのだ。

昨今のコロナ禍とまったく同じ感染拡大をたどっている。

ちなみに俗にスペイン風邪と呼ばれる。その理由は同国でもこの感染症が流行しただけの理由にすぎない。この名称からスペインが発生源と誤解する人がほとんどだ。

スペインはいい迷惑だ。だから巷《ちまた》に広がる噂は官製情報であった。流言飛語……。

まさに〝洗脳〟が目的で悪魔勢力に流布《るふ》されたものだ。まずは疑ってかかることだ。

コロナワクチンの目的は〝人殺し〟と〝金儲け〟

＊人口削減と巨利収奪

コロナに関して、わたしは七冊の本を書いた。

『コロナと陰謀』（ヒカルランド）、『コロナと5G』（共栄書房）……など。

これらの著作で、最初からコロナは計画された偽パ、ン、デ、ミ、ッ、ク、であることを指摘している。

一言でいえば、コロナ騒動は〝闇の勢力〟が仕掛けた大掛かりな人口削減計画なのだ。

まずコロナという偽感染症で人類を〝恐怖〟に陥《おとしい》れる。

つぎがワクチンの登場だ。「コロナを予防する」と偽情報で人類を〝洗脳〟する。

人々は、このワクチンに殺到する。しかし、その正体はたんなる猛毒の殺人注射だ。

つまりコロナで火を付け、ワクチンがそれを消すと二重にだます。

これぞ究極のマッチポンプだ。

そして打たれた人はバタバタ死ぬ……いや、殺される。

他方で製薬会社は、これらワクチンを国家に買い上げさせ、国家強制力で国民に打たせる。

こんなに〝素晴らしい〟金儲けはない。

〝人殺し〟（人口削減）と〝金儲け〟（巨利収奪）が同時にできてしまうのだ。

＊ウソの始まりは天然痘の種痘

コレラ、ペスト、スペイン風邪……そしてコロナ……と悪魔勢力は、延々と人類に対して人口削減の攻撃を仕掛けてきた。もう、そろそろ目覚めるとき、気づくときだ。

悪魔勢力は国家も、教育も、医療も、メディアも……完全支配してきた。

だから、これらはすべて〝闇の勢力〟の〝洗脳〟装置なのだ。

われわれはワクチン注射を〝予防接種〟と学校で習った。政府もそう教える。

医者もそう言う。だから完全にマインドコントロールされてしまっている。

そもそも天然痘の種痘《しゅとう》開発で知られるジェンナーですら晩年、「わたしは大きな過ちを犯してしまった」と悔いながら死んでいった。

彼は英国政府から莫大な報償金を受け取っている。

そして論文を発表して、わずかなうちに、英国政府は種痘を全国民に強制している。

そして拒否した人々を牢屋にぶちこんでいるのだ。

背後になんらかの〝圧力〟が働いたとしか思えない。

わたしは、その圧力の主はマイヤー・アムシェル・ロスチャイルドだと確信している。

種痘は〝人殺し〟と〝金儲け〟の走りだ

＊健康人にも強制して金儲け

彼は地球征服二五箇条の『計画書』で――あらゆる国家と民族と宗教を〝破壊〟する――と宣言している。そして人口削減までうたっている。

〝天然痘を防ぐ〟というウソの〝効能〟を掲げれば――健康な人にも接種できる。

クスリの大原則は、病人に投与することだ。

しかし感染症を〝予防〟するという大義名分を掲げれば堂々と健康な人々にまで投与できる。

そして、それは国家が買い上げ、国家が国民に強制してくれる。

こんな〝おいしい〟金儲けがほかにあるだろうか？

その結果——。

「……ジェンナーの仕掛けた罠が天然痘撲滅というウソを生み、〝ワクチン信仰〟を確立させた」

（『医学と健康』二〇〇八年一二月二二日号）

＊種痘が広まって感染も爆発

種痘が悪魔の仕掛けたペテン詐欺であることは、以下の事実からも明らかだ。

欧州全域で天然痘を予防する……といううたい文句で国家は争って種痘を国民に強制した。

その結果は——。

「……ジェンナーの種痘法は英国をはじめ欧州各国で熱狂的に受け入れられた。欧州のすべての幼児が種痘の接種を受けるようになった。ところが意に反して一八〇〇年代後半、欧州で天然痘は収まるどころか爆発的に流行することとなった」（拙著『ワクチンの罠』イースト・プレス）

「天然痘の〝予防接種〟が爆発感染を引き起こした」のだ。

コロナの悲喜劇と、まったく同じだ。

「……当時の天然痘の猛威たるやすさまじい。もっとも被害が大きかった一八七〇年から七一年にかけては、ドイツ国内だけで一〇〇万人以上が罹患、わずか一年で一二万人が死亡した。そして驚くべきことに、そのうち九六％が種痘を受けていた」（同）

ただ、ただ呆れるしかない。

「……このデータから種痘は天然痘を防ぐどころか、爆発的流行の〝原因〟になっていたことがわかる」（同）

「パレスチナ人は〝獣〟だ。殺せ！　殺せ！」

＊家畜や獣は殺して当然だ

ワクチンの目的は、ただの〝人殺し〟と〝金儲け〟——。

こう言うと、大半の人は眉をひそめる。医師だと本気で怒る。

「いい加減なことを言うな！」「そんなこと教科書に書いてない！」

医師のほとんどは、教科書秀才である。教科書を丸暗記して医師の座を射とめた。

〝かれら〟は教科書が一〇〇％正しいと信じて疑わない。

その教科書を作ったのは悪魔勢力の頂点に立つロックフェラー財閥である……。

そんなことなど夢にも思わない。知らない。気づかない。
①国家、②教育、③メディア、④宗教……は四大〝洗脳〟装置なのだ。
世界人口を五億人以下にする――と宣言したのが国際秘密結社である。

その〝イルミナティ〟創設者マイヤー・アムシェル・ロスチャイルドは「あらゆる国家、民族、宗教を滅ぼす」「人口を大幅削減する」と高らかに宣言しているではないか。

〝かれら〟ユダヤ教徒にとって異教徒は〝ゴイム（獣）〟なのだ。〝人間〟ではない。

〝家畜〟にすぎないのだ。増え過ぎた〝家畜〟は屠殺する。あたりまえだ。

言うことを聞かない〝獣〟は駆除する。これもあたりまえだ。

＊パレスチナ人は〝獣〟である

二〇二四年、イスラエルのガザ地区で、パレスチナ人の虐殺が止まらない。すでに約四万人が殺害されたという。そのうち四割は子どもたちという。なんという無慈悲。なんという残酷……。しかしネタニヤフ首相らは、平然としたものだ。同政権の首脳は、こううそぶくのだ。

「……われわれは〝ヒューマン・アニマル〟と戦っている」

これは〝人間の姿をした動物〟という意味だ。血が凍るとは、このことだ。

イスラエルの首脳たちにとってパレスチナ人は〝人間〟ではない。〝動物〟なのだ。

だから女であろうと、子どもであろうと、いくら殺してもまったく心は痛まない。

その悪魔的思考の土壌に――異教徒は〝ゴイム（獣）〟――というユダヤ教の根本教義がある。

宗教による〝洗脳〟は、これほどまでに恐ろしい。

それは、いともかんたんに人間を〝悪魔〟に変えてしまうのだ。

「ワクチンは〝生物兵器〟である」（WHO極秘文書）

＊三ステップで確実に〝殺す〟

一九七二年、ジャーナリストのパトリック・ジョーダンはWHO（世界保健機関）の極秘文書をすっぱ抜いた。そこには「ワクチンを偽装した生物兵器を開発する」と明記されていた。

つまり、この国連機関はとっくの昔に――ワクチンは生物兵器――と認めていたのだ。

それは、なんと五二年前……。

半世紀以上も前に国連機関では「ワクチンは生物兵器」は〝常識〟だったのだ。

暴露文書によると――このワクチン偽装の生物兵器は、以下の三ステップで作動する。
（1）免疫系が未熟なゼロ歳児に多種のウイルスなど感染の〝種〟を植え付ける。

（2）成長期にインフルエンザや子宮頸ガン予防と騙し接種しスタンバイにする。
（3）偽パンデミックで強制接種し生物兵器の〝引き金〟を引き免疫暴走で殺す。
つまり当初、WHOは三段階で人類を殺すワクチンを構想していたのだ。

WHOみずからがワクチンは生物兵器と認めている。

なのに、ほとんどの医師や医療関係者は「それはウソだ！」「〝陰謀論〟だ！」とわめく。

まさに〝洗脳〟とは、かくもおそろしい。

この極秘文書スクープですべてがわかる。

WHO内部ではーーワクチン＝生物兵器ーーはもはや〝常識〟だったのだ。

しかし、この衝撃暴露の内容を知る人々は皆無に近い。

日本でも、わたしが書籍で警鐘を鳴らしたにすぎない。

こうして知らぬは国民ばかり……という空恐ろしい状態が今も続いている。

＊エイズは人工ウイルス兵器

もう一つーー。ワクチンが生物兵器なら、もう一方の〝感染症〟も生物兵器なのだ。

その典型がエイズだ。エイズウイルス（HIV）は、アメリカ軍が最初に開発した遺伝子操作による人工ウイルスである。

一九六九年、米下院秘密公聴会で、その計画が明らかにされている。

それから一〇年後、最初のエイズ患者がニューヨークで発見される。

これは刑務所の囚人を被験者にして人体実験を行っていたが、一部が釈放されて犯罪都市ニューヨークに向かったからだ。彼らは麻薬常習者やホモセクシュアルなども多かった。

その注射やゲイ行為により、エイズウイルスが爆発的に感染を拡大したのだ。

その後の〝SARS《サーズ》〟や〝エボラ熱〟などの〝ウイルス〟も、軍部の研究室で遺伝子合成されたものだ。これらが生物兵器である証拠は、なんと製薬会社などが「製法特許」を取得していることだ。これほど露骨な物的証拠はない。

「打った子」は「打たない子」より数倍から数十倍も病気に

＊ADHDは一六〇倍も多発

あらゆるワクチンは生物兵器である。その決定的証拠をお見せしよう（次ページグラフ参照）。

アメリカでもゼロ歳児に二〇～三〇本ものワクチン注射が、〝あたりまえ〟になっている。

しかし、ある病院は良心的だった。子どもの両親に「打つ、打たないは自由ですよ」と説明。

子どものワクチン接種は各種疾患の発症率を跳ね上げる

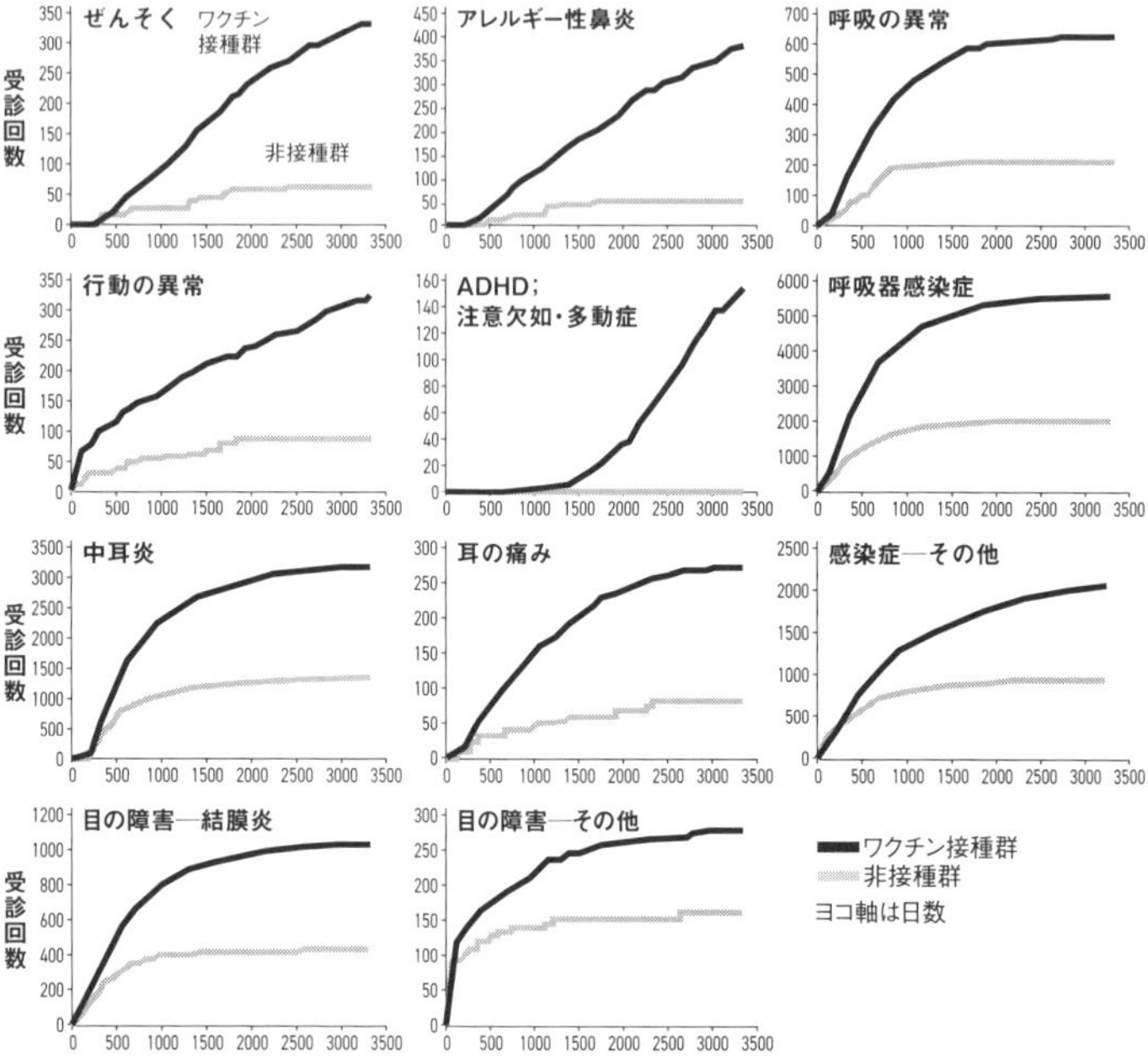

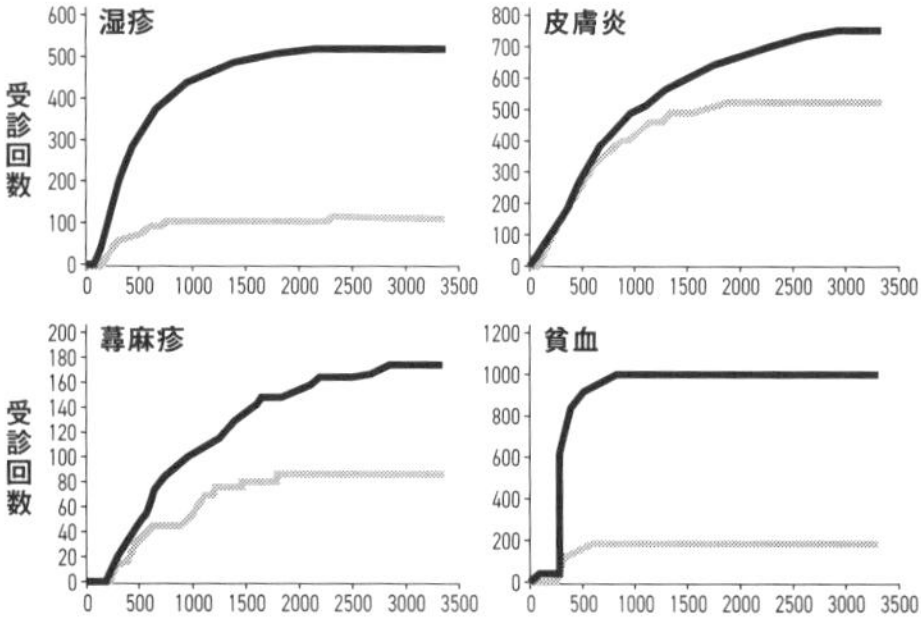

1回でもワクチンを接種した子どもたちと、ワクチンを全く接種しなかった子どもたちの数が同人数になるように補正して（2,763人に換算して）描かれたグラフ。

米国には、全くワクチンを接種しない子どもたちが一定数いる。その子たちを含め、約10年間の追跡調査が行われた結果である。

Day of Life（生後の日数；3500日（9.7年）まで追跡）

ワクチンを全く接種しない子どもたちのほうが、遙かに病気に罹り難い。

出典：Int J Environ Res Public Health, 2020 Nov 22;17(22):8674. doi:10.3390/ijerph17228674.

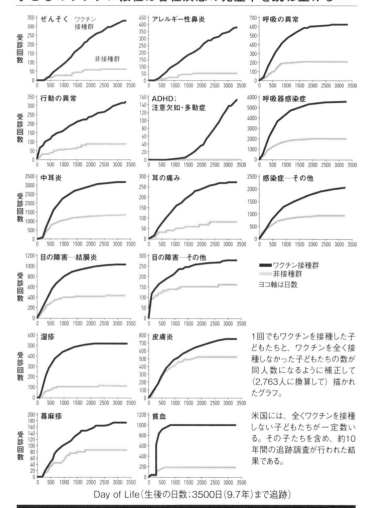

そのため、この病院では「打たせない」を選択する親がかなりの数にのぼった。

さらに、この病院を高く評価したいのはワクチンを「打った子ども」「打たなかった子ども」の健康状態を一〇年間、追跡調査していることだ。

その報告書には愕然とする。なんと「ワクチンを打った子」は「打たなかった子」に比べてあらゆる病気に数倍～数十倍もかかっているのだ。

たとえば「呼吸器異常」は三倍。「感染症」二倍強。「アレルギー」八倍……と、ありとあらゆる病気が多発している。とくに驚愕なのは「ＡＤＨＤ（注意欠如・多動症）」。「打たない子」はほぼゼロなのに、「打った子」は一六〇倍……。

「ぜんそく」一〇倍、「行動異常」五倍、「貧血」五倍強……。

子どもたちを襲ったワクチン副作用の恐ろしさにめまいがしてくる。

つまりワクチンを「打たされた」子どもたちは、これほどさまざまな疾患にかかりやすくなっている。それだけ虚弱化し、抵抗力、生命力が弱くなっているのだ。

この子らの将来を思うと、暗澹《あんたん》としてくる。

そして――。これほど決定的な証拠がありながら、この驚愕事実を報道するメディアが皆無なことに、さらに暗然とする。

まさにテレビも死んだ。新聞も死んだ。

そして、いまだゼロ歳児ワクチンを推奨する厚労省の役人たち……死んでいる。

マスコミ記者や政府役人たちは、まちがいなく地獄に墜ちることだろう。

『医療殺戮』（ヒカルランド）の著者ユースタス・マリンズ氏は、これらワクチンによるさまざまな疾患を総合して〝ワクチノーシス〟と呼称している。

ワクチンを打たなければ、決してかかることはなかった疾病群なのだ。

ゼロ歳児に数十本もワクチンを打つ理由は、ただ一つ――。

「その子を将来〝殺す〟ため」に打つのだ。

〝殺す〟ために打つのだから、ワクチン注射の正体は毒薬注射なのだ。

〝毒物〟を子どもの体内に入れるのだ。

身体が弱って、さまざまな病気にかかりやすくなるのも、また当然なのだ。

ワクチン流行が終わってから打っている

＊これらは立派な詐欺犯罪

ここまで書いても医療関係者は、こういうはずだ。

「……いや……でも感染症〝予防〟の面でワクチンにはメリットもありますから」

こうワクチン擁護するだろう。

まさに医療〝狂育〟の〝洗脳〟は底無し沼だ。

天然痘の〝予防接種〟の例を見よ。

〝予防〟どころか爆発的に感染症を増やしている。

下のグラフはワクチンが感染症を防げない証拠だ。

流行が収束してからワクチンを注射している。真に感染症を〝予防〟するなら感染ピークで接種すべきだ。なのに流行が終わってからワクチン接種している。

そして――〝やつら〟は、こう発表するのだ。

「……この▼▼ワクチンが、××感染症を防ぎ、撲滅した」

このようなウソを論文に書き、メディアに発表する。政治屋は議会で「▼▼ワクチン〝効能〟の素晴らしさ」を持ち上げ、さらなる予算を獲得する。

英国での子どもの百日せき死亡率

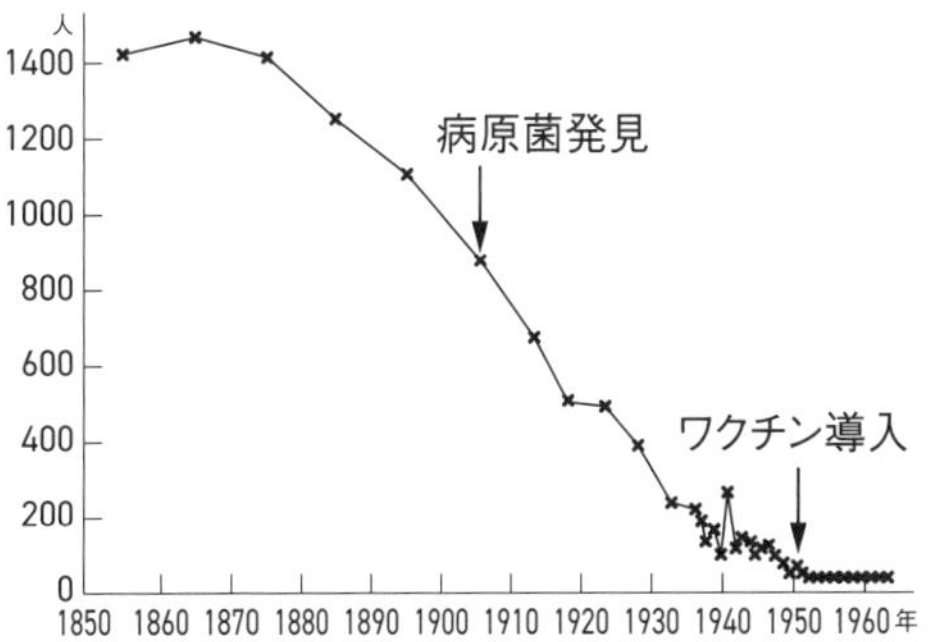

出典：『The role of medicine』Basil Blackwell, 1979

ワクチンが感染症を防げない決定的証拠

＊認可の臨床試験三分の二はペテン

ちなみにワクチン認可「臨床試験」も、ほとんどペテンである。

その根拠は、ＦＤＡ（米国食品医薬品局）が一九七〇年代に行った〝抜き打ち〟検査だ。

医薬品の認可を得るために臨床試験は不可欠だ。

ところが、このＦＤＡ調査によれば「……約二割の論文が不正確な量を使ったり、データを改変したりなど、ありとあらゆる不正行為をしている」。さらに「全体の約三分の一が実際には臨床試験を〝行っていない〟」「三分の一が診察録（カルテ）に従っていないデータを使用している」。まさに驚愕の不正が横行していたのだ。

その抜き打ち調査の結果は――。

「臨床試験の結果に科学性を認められるのは結局、全体のわずか三分の一ていどにすぎない」

（『医者が患者をだますとき』草思社　ロバート・メンデルソン博士著）

この不正行為は、全世界で横行しているはずだ。

なぜなら、いずれもロックフェラーが〝捏造《ねつぞう》〟した西洋医学に準じているからだ。

すると、全世界で流通している医薬品の三分の二は「安全性」も「有効性」も立証されていないことになる。目がくらんで、立っていられそうにない。

これほどまでに近代医学は悪魔勢力に蚕食《さんしょく》されているのだ。

＊コロナはウソペテンが多すぎる

とりわけ、コロナｍＲＮＡワクチンなどは超巨大利益を生む。

おそらく一〇〇％、臨床試験で不正が横行していたはずだ。

公表された「効能」について「九〇％以上」とメディアに公表していた。しかし、これも完全に〝捏造〟であった。真の〝効能〟は誤差の範囲……。つまり〝予防〟効果はゼロなのだ。

まさに白昼堂々と虚偽効能を世界中に臆面もなく流していたのだ。

そして――。マスコミはこれら犯罪的な不正をまったく報道しない。チェックしない。

同じ穴のムジナ同士なのだ。とにかくコロナとワクチンについて、あまりにウソが多すぎて
わたしの著作にも書ききれないほどだ。

一五年前から計画！　コロナ偽パンデミック

＊ＣＩＡ報告書で完全予告

コロナ・パンデミックの別名はコロナ〝プラン〟デミックだ。

つまり〝計画〟されていた茶番劇……。悪魔勢力は、こんなことまでやってのける。

それは少なくとも一五年前から計画されていた。その決定的証拠もある。

ＣＩＡ（米中央情報局）のコロナ感染症の予告論文が存在するのだ。

それは『二〇二五年、世界の報告書』だ。そこで「新型コロナウイルスによるパンデミック」を詳細に〝予告〟している。そこには、こう明記されている。

「……二〇二五年までに伝染性が強く、治療法がないコロナウイルスによる世界的パンデミックが発生する。そして世界の三分の一が感染するだろう」

おいおい、ここまで正直に書いていいのかい……と心配になる。

それほどの正直さというより、これはズバリ、ディープステートによるパンデミック『計画書』である。その〝予告〟も詳細かつ具体的だ。

「……既存疾患を引き起こす病原体がDNA変異や再合成によって生まれる。それは新型インフルエンザか、SARSやコロナウイルスだろう」（報告書）

＊八億～一二億人ワクチンで〝始末〟

コロナ・パンデミックはあらかじめ準備されていた。

その事実を証明する証拠はさらにある。二〇一九年一〇月一八日、コロナウイルスによるパンデミックを想定した予行演習まで開催されているのだ。それが〝イベント201〟。

主催は、「ビル＆メリンダ・ゲイツ財団」。仕掛人は、なんとあのビル・ゲイツ。

……この財団は、世界ワクチン利権の総本山だ。

さらにゲイツは「ワクチンにより世界人口一〇～一五％削減可能だ」と公の場で述べている。

つまり世界人口八〇億人のうち八億から一二億人は、ワクチンで〝始末〟できる……。

そう堂々と広言しているのだ。

当然、コロナウイルスによる大規模伝染病はワクチン利権にとって莫大な利益が見込める。

そこでマッチポンプ商法の仕掛けが始まる。

「……この『予行演習』は『コロナウイルスによる世界的な流行に備える』という名目で、ニューヨークの高級ホテルで開催された。そこにはCDC（疾病対策予防センター）担当者やジョンズ・ホプキンス大学、行政担当者などがパネラーとして参加した。見逃せないのは、パンデミック病原体をはっきりコロナウイルスと特定している。そして中国・武漢で新型コロナウイルス感染症が出現したのは、この『予行演習』の約一か月後。あまりにタイミングがよすぎる」(『コロナと5G』前出)

新型コロナ〝ウイルス〟は初めから存在しない!

＊黒幕の仕掛人はファウチ

——大事なことに触れておく。

「新型コロナ〝ウイルス〟は初めから存在しない!」

耳を疑うかもしれないが事実である。

まず新型コロナウイルスが、なぜ中国・武漢発とされているのか?

それはディープステートの思惑があった。

武漢は中国工業の中心地だ。あらゆるサプライチェーンが集中している。そこで中国経済を弱体化させるという深謀遠慮で武漢が選ばれた。仕掛人はアンソニー・ファウチである。

一九八四年から米国立アレルギー・感染症研究所の所長を務める。

七代にわたって大統領に医療分野で仕えてきた。つまり医療利権の首魁（ドン）である。

つまりはコロナ偽パンデミックの仕掛人なのだ。ファウチは武漢研究所の一部研究者を籠絡して、賄賂を送り新型コロナウイルスを〝合成〟させようと試みた。

当初の計画は、コロナウイルスの一種SARSをエイズウイルスと掛け合わせて強力な人工ウイルスを誕生させることだった。

＊失敗した人工ウイルス作り

しかし、この合成作戦はうまくいかなかった。だからこの偽パンデミック計画は、当初のタイムリミットに間に合わなかった。二〇一九年秋に、武漢で世界軍人オリンピックが開催される予定だった。この大掛かりなイベントに紛れて、新型コロナウイルスを散布する予定だった。

そのタイムスケジュールにあわせてビル・ゲイツたちも予行演習を設定していたのだ。

そこでファウチたちは、未完成ウイルスを散布する事態に追い込まれた。

推測するに未完成コロナウイルスを撒いたというのが事の顛末《てんまつ》だ。

だから当初予定した〝毒性〟も弱く、生物兵器としても用をなさないものだった。

それでも最初の〝感染者〟を演出することで、ファウチらは偽パンデミックにゴーサインを出した。

そして最初の仕込みの〝感染者〟を大々的にメディアで報道させ、パンデミックの恐怖を煽った。なんと最初の〝感染者〟が報道されて一〇日余りで、この感染症ウイルスは〝COVID-19〟と命名される手際のよさだ。

未完成ウイルスの塊をばらまいた？

＊インフルエンザより弱い毒性

しかし、この〝迅速〟な対応が裏目に出た。感染症やウイルス学の常識では、病原ウイルスの特定に半年以上かかるのが常識なのだ。わずか一〇日足らずで病原ウイルスの特定など、逆立ちしてもありえない。それもウイルス構造の塩基配列なども正確に把握している。

この裏舞台を推測するなら、パンデミックを仕掛けたDS（ディープステート）側が当初予定していた〝新型コロナウイルス〟の『設計図』を公表したものと思える。

そして、それをCOVID-19と命名して新型コロナウイルスの〝存在証明〟としたのだ。

このようにコロナ偽パンデミックの仕掛けは、当初からドタバタしていたのだ。

当初の統計数値をみるとCOVID-19の感染による死者は〇・一%以下……。一〇〇〇人感染して死者は一人未満だ。これは季節性インフルエンザよりも致死率は低い。新型コロナはインフルエンザより毒性は弱い。

なら、ロックダウンとか三密とかマスク着用義務とか、まったく不要だったのだ。

しかしディープステートは、コロナ偽パンデミックをでっちあげ、強行策に打って出た。

ここから馬鹿馬鹿しくもアホらしい、コロナ偽騒動が世界中を巻き込んでいく。

＊ワクチン強制と莫大利権

わたしは当初からこの茶番に気づいていたから、まさにブラック・コメディを眺めているような錯覚に陥った。しかし人類とは、これほどまでにオロカな生き物だったのか……。

〝洗脳〟や〝マインドコントロール〟に、いともたやすく操《あやつ》られる。

感染症の病原体特定に「コッホの四原則」が用いられる。

つまり感染者から病原体が検出され、その病原体が実験動物に同じ症状を起こす。

これらが証明されなければならない。COVID-19は、そもそも感染者から病原ウイルスすら検出されていない。徳島大学医学部の大橋眞名誉教授など「新型コロナウイルスは初めから存在しない」と主張する研究者は多い。

しかしコロナ偽パンデミックは暴走した。新型コロナに毒性があろうとなかろうと、関係なかった。〝かれら〟の真の目的はワクチン開発と強制接種だった。

マッチがつかなくても、ポンプを動かす必要があったのだ。

ワクチン強制と、それに続く莫大利益こそがコロナ偽パンデミックの第一の目的だった。

そして忘れてはならないのが、第二の目的、ワクチンによる大量殺戮《さつりく》と人口削減だ。

〝殺す〟ために打つから、〝死ぬ〟のはあたりまえ

＊〝やつら〟は日本の金を狙ってる

「ワクチンを打ったら死んだ！」と嘆きとショックの声が相次いでいる。

しかし、わたしに言わせれば、mRNAワクチンも、その目的は〝殺す〟ことなのだ。

だから、こちらの〝毒性〟は、かつてのインフルエンザ・ワクチンの約一五〇倍と超猛毒に仕上げている。打てば〝死ぬ〟のはあたりまえ。それを打ったら〝死んだ！〟と驚いている。

わたしは、みんなが驚いていることに驚いている。

わたしは『日本民族抹殺計画』（ビジネス社）を書いた。そこで日本列島は、〝資源列島〟で

あることに気づいた。佐渡金山の海底には含有率四〇％の金鉱床があるという。

鹿児島の菱刈《ひしかり》鉱山の金含有率は三六％という内部資料もある。アフリカのコンゴ共和国では、新たな金山が発見され、その純度がなんと六〇～九〇％……！。山が丸ごと〝金〟なのだ。

日本は昔から〝黄金の国〟ジパングと呼ばれていた。

金だけではない。茨城沖には油田の存在が確認された。

その埋蔵量は、なんと七〇〇年分だという。とても、にわかには信じがたい。

その他、日本の地下資源の発表ニュースが相次いでいる。

すると、白い悪魔たちの〝闇勢力〟がそれに目をつけるのは当然だ。

＊邪魔な〝先住民〟は皆殺し

〝やつら〟はインディアンを皆殺しにして北米大陸を奪い、インディオを皆殺しにして南米大陸を奪い、アボリジニを皆殺しにしてオーストラリア大陸を奪った。

さらに黒人を奴隷にしてアフリカ大陸を奪った。〝やつら〟が五番目に狙っているのが、緑なすこの日本列島なのだ。〝やつら〟は金をはじめとする地下資源を狙っている。

すると邪魔になるのが〝先住民〟のわれわれだ。

邪魔な〝先住民〟は皆殺しにすればよい。これが『日本民族抹殺計画』なのだ。だから日本人だけは超猛毒mRNAワクチンを七回も八回も打っている。それは全世界で日本だけだ。〝殺す〟ために七、八回も打っている。死ななきゃ死ぬまで打ちます〝とどめ〟のワクチン……。

「一六〇万の日本人がコロナワクチンで〝殺された〟」（E・マスク）

＊超弩級の猛毒レプリコン

イーロン・マスクは「日本人約一六〇万人がコロナワクチンで殺された」と警告している。すでに今でも超過死亡が六〇万、七〇万……。恐ろしい勢いで日本人は〝殺されている〟。グラフを見ると、まさにワクチンを打つほど大量に亡くなっている。

東日本大震災で二万人強の人が亡くなった。それでも、あれほどショックを受け、日本は悲しみに沈んだ。しかしコロナワクチンによる日本人大量虐殺は、その比ではない。

イーロン・マスクの警鐘によれば3・11の八〇倍ほどの日本人が今日も〝虐殺〟されている。なのにほとんどの日本人は気づきもしない。日本人の精神構造はどうなっているのか？

日本人は、ほぼ全員が〝お花畑の住人〟のように思える。それは〝極楽トンボ〟であり、思考停止のただの〝ふぬけ〟だ。

〝闇の勢力〟は、なかなか死なない日本の〝先住民〟を皆殺しにするため日本人だけにさらに猛毒のレプリコンなる超弩《ど》級《きゅう》の猛毒注射を打ち始めた。治験なし。安全性不明。動物実験なし。日本〝先住民〟抹殺のために打つ。だから、そんなものはいっさい不要なのだ。それでもニコニコ騒がないで注射の列に並ぶ日本人……。

その思考回路はもはや理解を超えている。レプリコンは「体内でｍＲＮＡを何百倍にも増殖させ、有毒スパイクたんぱくも何百倍も増やす」。レプリコンの正体は超猛毒ウイルスそのものだ。〝ウイルス〟を〝ワクチン〟とごまかしている！

それらは呼吸、咳、汗などから体外に放出され、身近な人に〝感染〟する。二〇二

2022年「ワクチン接種者数」と「超過死亡数」の推移

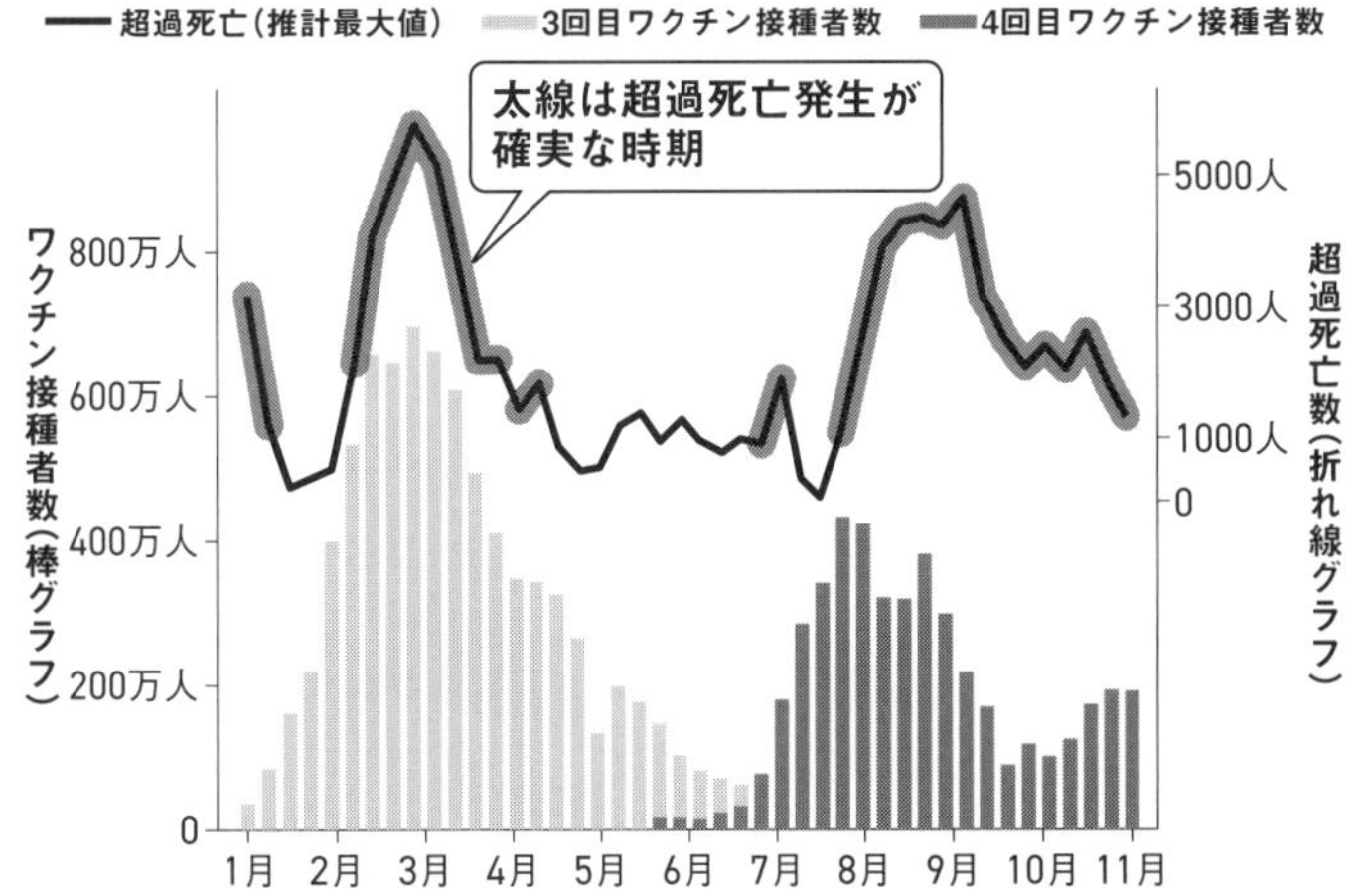

出所：「日本の超過および過少死亡数ダッシュボード」とデジタル庁「新型コロナワクチンの接種状況」より作成

“殺す”ために打つ！“死ぬ”のは当然

四年一〇月一七日、急死した俳優、西田敏行さんも四日前にレプリコン接種していたという。

相次ぐ有名人変死事件もワクチンとの関連が疑われている。こうして日本は阿鼻叫喚《あびきょうかん》の〝ゾンビ列島〟と化すのである。生き残るのは目覚めた人だけである。あなたと愛する人の命は、その〝目覚め〟にかかっている……。

コロナと法律――〝やつら〟を全員逮捕せよ！

＊中国は医師を殺人罪で逮捕

「……中国では、ｍＲＮＡワクチンを打った医者はみんな殺人罪で逮捕されてるヨ」

知人の中国人婦人の言葉には驚いた。

コロナワクチンによる〝殺人〟で医者が逮捕されている。それは中国だけの話ではない。

メキシコでも、ブラジルでも、ロシアでも……同様の逮捕が行われているという。

それはＢＲＩＣＳの国々に共通するようだ。

ロシアでは二年前に、すでにプーチンは同国内のｍＲＮＡワクチンの廃棄命令を出している。

日本だけで六〇〜一六〇万人もの人々がｍＲＮＡワクチンで〝殺害〟された……!?

これはヒトラーのアウシュビッツ大虐殺に匹敵するホロコーストだ。

その法的責任の重さには、めまいがしてくる。

日本は法治国家である。民主主義は法律によって守られる。

われわれの生命、健康、財産も法律によって守られている。

つまり法律は、われわれを守る〝武器〟なのだ。

だからこそ、われわれはみずからを、そして家族や愛する人たちを守るために、この〝武器〟に精通しなければならない。

＊法律はあなたを守るルール

コロナとワクチンの陰謀で、まず問われるのが医師、看護師の殺人罪だ。

①殺人罪（刑法一九九条）「人を殺した者は死刑または無期もしくは五年以上の懲役に処する」

殺人罪は「故意に人の生命を侵害する犯罪」である。「人の生命は究極の法益」つまり法律上の最上の利益と見なされている。そのため刑法でも、もっとも厳しく罰せられるのである。

するとワクチンを患者に打って、その人を死なせた医者からも反論が返ってくるだろう。

「私は故意に殺そうとして注射したんじゃない」「だから刑事責任なんて論外だ」

しかし、この言い分は通らない。

法律には「未必《みひつ》の故意」という概念がある。これは「死ぬかもしれない」と思いながら、その行為を行い死なせてしまった。そんなケースに該当する。法的な説明として「『通行人がいたら、もしかしたら死ぬかもな』と思って一〇階のマンションのベランダから冷蔵庫を投げ捨てた。そして運悪く通りかかった人を直撃し、死なせてしまった」。

この場合、「未必の故意」が適用され、殺人罪で起訴される。

「このワクチンで死ぬかもな……？」と思いながら、mRNAワクチンやレプリコン注射をして死なせてしまったケースも「未必の故意」の〝殺人罪〟が適用される。

相次ぐ海外の医師たちの逮捕事例も、この「未必の故意」が問われているのだ。

②業務上過失致死罪（刑法二一一条）「業務上必要な注意を怠り、よって人を死傷させた者は、五年以下の懲役もしくは、禁固または一〇〇万円以下の罰金に処する」

殺人罪を免れても、業務上過失致死罪が適用される可能性がある。

たとえば「自動車を運転中によそ見をして人をはねて死なせてしまった」

このとき「うっかりよそ見して、はねちゃった。わざとじゃないんです」と警官に説明しても手錠がかかる。道路交通法で運転者には「前方注意義務」が課せられているからだ。

その注意義務を怠った過失により通行人を死なせてしまった。まさに業務上過失致死罪が適用される。ワクチン注射で患者を死なせた医師も同じ。医師法で「患者の安全確保義務」が定められている。だから、その注意義務違反で過失致死罪が適用される。

③教唆罪（刑法六一条）「他人をそそのかして犯罪を行わせた者は、実行犯と同等の罪が科せられる」

その成立要件は「教唆した行為の存在」「意図を持ち、故意に教唆した」「正犯者が実行した」。情状酌量の面で実行犯より軽い罪になることもある。

この教唆罪は新型コロナワクチン接種に関して、メディアや行政関係者にも適用される可能性がある。なぜならマスコミはパンデミックの最中、絶え間なく「ワクチン接種を国民に呼びかけてきた」。それも「感染〝予防〟のためにワクチンを打たねばならない」と断定し、医師や国民に積極的な教唆を繰り返してきた。

その教唆により多くの日本人がワクチン注射を受けた。

そして、数多くの人々が死亡し、それをはるかに超える人々が後遺症で苦しんでいる。

これは医師に対しては過失傷害を教唆したものである。

患者本人には自らの危険負担行為を教唆したものだ。いずれも教唆罪の適用となる。

それは新聞なども同じ。教唆罪がワクチン接種をそそのかした新聞記者、テレビ局ディレクター、出演した医師や評論家に適用される。さらに国家権力を背景にワクチン接種を強く〝教唆〟して、おびただしい読者や視聴者を〝死なせたり〟、後遺症で〝苦しめたり〟したメディア関係者は全員、教唆罪が適用されるだろう。

関係者は首を洗って待っていたほうがよい。
④強要罪（刑法二二三条）「相手方または、その親族の生命・身体・自由・名誉・財産に対して、害を加える旨を告知して脅迫し、または暴行を用いて、人に義務のないことを行わせ、または権利の行使を妨害する犯罪である」。強要罪の刑事罰は「三年以下の懲役」。日本中の多くの病院院長などが、この強要罪に問われることになるだろう。
被雇用者である看護師さんなどが「ワクチンは打ちたくないんです」と言っても「なら、病院をやめてもらうしかないね」と言って強要。泣く泣く看護師さんが受けて急死した。

このようなケースなら、病院関係者や上司などの強要罪が成立する。

なぜなら「やめてもらう」と地位、財産の権利を侵害する旨を通告し、当事者の意に反した行為をさせ死に至らしめているからだ。
⑤詐欺罪（刑法二四六条）「人を欺いて財物を交付させた者は、一〇年以下の懲役に処する。同様の方法により財産上不法の利益を得、または他人に、これを得させた者も同様とする」
これは、ワクチンを製造販売する製薬会社、さらに接種で利益報酬を得る医師や病院関係者らに適用される。

mRNAワクチンやレプリコンワクチンなどの〝効能〟は否定されている。

そもそも新型コロナウイルス自体が初めから存在しない。
だから「新型コロナ〝予防〟」をうたった製薬会社、医師らはすべて詐欺罪が適用される。

⑥薬事法（六六条）「医薬品などの効能効果について虚偽または誇大な効能を明示的、暗示的を問わず、記述・宣伝・流布をしてはならない」「違反者は、二年以下の懲役、二〇〇万円以下の罰金、もしくは両方が科せられる」。製薬会社だけでなく病院関係者も全滅である。

⑦医師法（四条）「罰金以上の刑に処せられた場合は、戒告、三年以内の医業停止、または免許の取り消しという行政処分を受ける」。前項の処罰を受けた医師は医師免許を剝奪されるのだ。

⑧民法（七〇九条）「故意または過失によって、他人の権利または法律上保護される利益を侵害した者は、これによって生じた損害を賠償する責任を負う」

「この不法行為責任は、利害関係のない当事者間でも成立する特徴がある」

ワクチンを受けて親族が死亡した場合、遺族は、製薬会社、医師などを民法七〇九条に基づき、損害賠償を訴えることができる。

損害とは、①身体的、②経済的、③精神的の三種類の損害がある。

これらを総合して、相手側を提訴することを強くお勧めする。

ワクチンを打たれて死亡しなくても後遺症に苦しんでいる人は、自らが原告となって損害賠償請求を相手に突き付けることだ。

その場合、裁判所に提訴する前に相手当事者に「内容証明」を送りつける。まず書面で賠償額の請求を行うこと。勉強すれば、弁護士抜きでも個人で十分に戦える。そのとき、A、損害の存在、B、相手の不法行為との因果関係の二つを立証する必要がある。

⑨医師の医療事故：三種類の法的責任が発生する。

①民事責任：損害賠償責任など。②刑事責任：殺人罪・業務上過失致死罪・虚偽公文書作成罪・証拠隠滅《いんめつ》罪・医師法違反。③行政罰：行政上の制裁。医師免許取り消しなど。

被害を受けた患者は、これら医師側の責任を追及する権利が憲法上からも保証されている。自ら被害を受けた場合は、**告訴**（刑事）、**提訴**（民事）となる。

第三者としての訴えは**告発**と呼ばれる。

――以上、法律はむずかしいものではない。われわれが社会で生きていく上でのルール（規則）である。スポーツですらルールに違反したら審判は罰則を科す。

ワクチンという医療行為によって、さまざまな不正や不法行為が存在する。それにより死亡や副作用など重大な被害が発生している。この場合、迷わず法律に基づいて提訴、告訴、告発などの法的アクションを起こすことを強くお勧めする。その第一歩を踏み出す。

そのことが同様の被害、犯罪を未然に防止し、安全な住みやすい社会をつくりだすのだ。

第2章

『アメリカ不正選挙2020』オバマ、バイデン、ハリスを逮捕せよ

――反乱法による国家反逆罪、叶わなかった内容を明らかに……

〝就任式〟もニセモノ、〝バイデン〟もニセモノ

＊「一家に一冊、永久保存版」

「……壮大なるフェイク！　アメリカ大統領選挙」すべては、この一言に尽きる。

自著『アメリカ不正選挙２０２０』に、そう記した。

それは始めから終わりまで空前絶後の茶番であり、カリカチュア（戯画）だった。

それは同時期に世界中を巻き込んだコロナ偽パンデミックと瓜二つだ（第一章）。

わたしは暗澹《あんたん》とした。人類とは、こうもオロカな生き物だったのか……。

わたしは、「一人でも多くの人に気づいてほしい」という思いで記録をつづり続けた。

それは四〇〇字原稿用紙で一〇〇〇枚を突破。完成した本は分厚い一冊となった。価格は三八〇〇円でないと出版社は赤字。成甲書房のT社長は「一人でも多くの人に読んでもらいたい」と一八〇〇円にするという。「一冊売れるたびに、わが社は二〇〇〇円の赤字です」と笑う。

この瞬間、印税は諦めた。T社長の熱い思いに応えた。

彼は表紙に「真実を求める一家に一冊の永久保存版」とメッセージを刻んだ。

しかし……しかし……、ほとんどの人は本書に見向きもしなかった。

「バイデンが大統領なんでしょ」「不正選挙ってなに……？」

——それから四年たった。

トランプ圧勝。ようやく、あのときの不正選挙に注目が集まり始めている。

＊当日は一日中曇りだった

わずか四年前の選挙犯罪だ。それも空前絶後の規模で行われた。

それは詐欺とか不正などという言葉で片付けられない。それほど悪辣《あくらつ》で大胆なものだった。

わたしは今、ここで満腔《まんこう》の怒りをこめて訴えたい。

「……オバマ、バイデン、ハリスを逮捕せよ！」

罪状は国家反逆罪だ。

それは国家転覆を謀り、実行した者に科せられる刑罰だ。

最高刑は死刑である。

本項の見出しを見よ。

〝就任式〟もニセモノ、〝バイデン〟もニセモノなのだ。

下の写真は、世界に配信された〝就任式〟の映像。「LIVE」と画面表示されている。

空は真っ青に晴れ渡って雲一つない。まさにピーカンである。

しかし……。だれもが証言する。当日のワシントンD.C.は朝から曇り空だった。

わたしは念のためD.C.に住む二人の邦人女性に取材した。二人の回答はともに「朝からグレイで雲がたちこめ、雪がちらつきそうだった。陽が差すことは一度もなかった」。

＊就任式は録画、大統領は影武者

これらの証言は、真っ青な空の〝就任式〟映像と完全に矛盾する。

一日中曇りなのに“晴天”就任式はCG?

つまり先に掲載した写真は別の日に撮影された映像か、あるいはCG画像である。

わたしはさらに配信された〝就任式〟画像を録画し、子細に点検した。

下の写真上は遠くで〝就任式〟を見守る兵士たちの映像……。やはり「LIVE」「午前一一時五四分」とある。しかし兵士たちの影に注目してほしい。身長の二倍近くものびている。

真冬とはいえ、正午なら太陽は頭上にある。このように影が長く伸びることはない。

撮影時刻は午後三～四時頃だろう。明らかに録画映像だ。それを編集して、バイデン映像の点景として放送したのだ。

その下の写真は〝LIVE〟映像で就任演説を行うバイデン大統領。頭上から陽が当たり、眩《まぶ》しそうだ。

しかし……。当日、DCは朝から夕刻まで陽が差すことはなかった。

だから、これもまた録画撮影された映像なのだ。

さらに――。演説する〝バイデン〟の耳たぶに注目。両側とも切れ長だ。

正午のはずなのに、兵士の影が長過ぎる

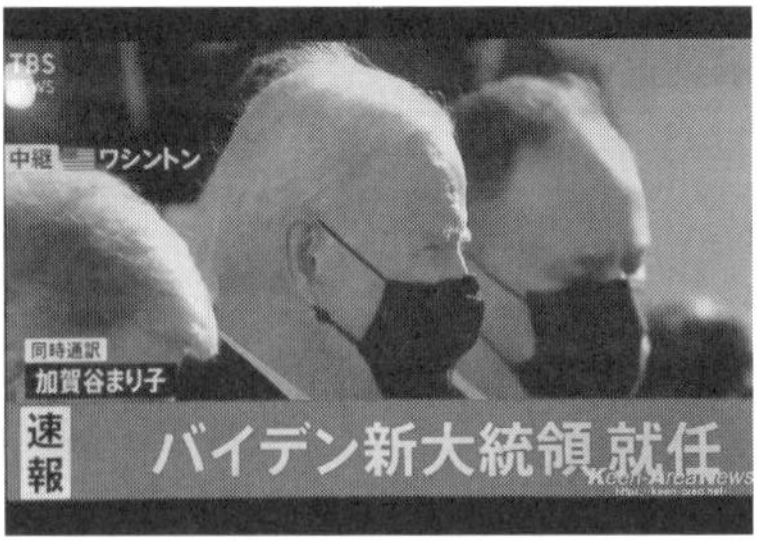

まぶしそうなバイデン、画像は録画だ！

本物のバイデンは耳たぶが丸い。

贋者のバイデンは耳たぶが長い。

若い頃のバイデンはいずれも耳たぶは丸い。

耳たぶは整形手術でも加工は不可能という。だからホンモノとニセモノを見分ける重要ポイントとなる。よって〝就任式〟で演説したバイデンは明らかに影武者だ。

宣誓も演説も代役も式典も、すべて無効だ！

＊米史上空前のスキャンダル

まさに大胆不敵――。よくもまあ、このような大掛かりな不正を白昼堂々と行えたものだ。

〝闇の勢力〟の蛮勇には、ただただ寒心する。

わたしはかつての著作にこう記した。

「……ニセモノが宣誓し、就任演説まで行うなどアメリカ史上空前のスキャンダルではないか！」

これは笑ってすまされる問題ではない。

「……偽者バイデンは大統領になる人物を演じてアメリカという国家を、国民を、そして世界を欺《あざむ》いた。宣誓して就任演説まで行い、大統領になりすました。つまり大統領職を乗っ取ったのだ。当然、大統領〝就任〟は無効である。さらに、このニセモノは、まず刑法における詐欺罪で起訴される。重ねて国家反逆罪で即座に逮捕されるべきである（最高刑は死刑もある）」（同書）

ニセモノがニセ〝就任式〟で演説している！

なら、この時、本物のバイデンはどこにいたのか？

演説が不得手なので影武者にやらせたのか？

「……本物バイデンにも同じ罪が科せられる。偽者がみずからを演じることを了承して代役をやらせたからだ。本人も偽者と共犯関係にあった。だから同罪である」（同）

＊憲法に照らせばすべて犯罪

ホンモノ、ニセモノの逮捕だけではすまない。

「……このような巧妙な犯罪行為は彼らのみで遂行できない。数多くの共謀者、共犯者が存在する。バイデン陣営と呼ばれる面々であり、民主党の多くの関係者たちだ。彼らは、偽の〝就任式〟と〝身代わり〟代役を共謀し、実行したのだ」（同）

さらに、この偽〝就任式〟は重大な問題を引き起こす。

「……合衆国憲法によれば、大統領は一月二〇日正午をもって交替する。偽〝LIVE〟映像は、この日より前に撮影されている。一月二〇日以前にバイデン側は〝就任式〟を行って宣誓し、〝就任〟演説まで行っている」（同）

「……この時は、まだトランプが大統領職にあった。なのに偽バイデンは〝就任演説〟まで行った。これは喜劇チックであると同時に合衆国憲法に真っ向から違反する」「就任期限を待たずに偽者が大統領に〝就任〟してしまった！」「この偽者による〝就任式〟らしき儀式は、憲法に照らせばすべて無効であり、犯罪なのだ」（同）

＊見て見ぬふりの恐ろしさ

結論――。

「……任期を無視した前倒しの大統領〝就任式〟など法的にありえない。重ねてニセモノによる宣誓、就任など前代未聞。無効なのは当たり前。だから法的にバイデンはいまだ〝大統領〟に『就任していない』……！　なら、それ以降の大統領令への数多くの〝署名〟もすべて無効……となる。法的にクリアするためには偽者でなく本人出席のもと、〝就任式〟をやり直すしかない。しかし、その前に国家反逆罪により逮捕、身柄拘束される。だからバイデン〝大統領〟

の正式就任は永遠にありえない」（同）

――これはアメリカにとって喜劇ではなく、悲劇だ。

素人のわたしですら少し調べただけで、これだけの矛盾、捏造、犯罪が噴出してくる。司法も、行政も、メディアも……気づかぬはずはない。

なのに、みんな見て見ぬふりをしている。あったことをなかったこととしている。この国家レベルの反逆行為を素知らぬふりして、関係者が見過ごしていること自体が空恐ろしい。〝かれら〟もまた、この空前の犯罪劇の共犯者となっているのだ。

「史上空前の選挙〝詐欺〟組織を構築した」（バイデン）

＊堂々とＴＶ映像で宣言した

壮大なる喜劇の幕開けは、二〇二〇年大統領選挙キャンペーン中から始まっていた。

候補者バイデンはテレビ映像を通じて次のように〝宣言〟したのだ。

その画像を見た全米の視聴者は驚倒した。

「……われわれはアメリカ政治の歴史上、最も広範で最も巨大な選挙詐欺組織を構築した」

この証拠画面の映像だけで、候補者バイデンは即アウトだ。

候補失格だけではない。

検察当局はバイデンを召喚し、その発言内容を尋問する。

それは、まさに妥当な司法手続きのはずだ。

かの大胆不敵なTV配信に対してライバル候補のトランプが、さっそく、このように〝ポスト（ツイート）〟している。

「……ジョーは、ときどき真実を語る」

皮肉たっぷりのコメントが彼らしい。しかし不思議でならない。

このバイデンの発言と映像は、民主党側の組織的犯罪選挙の決定的物証である。

主犯のバイデン自身が選挙詐欺を〝証言〟している。これに勝る物証はあるまい。

しかし、しかし……司法当局は、いっさいバイデン証言に対して動かなかった。

さらに、メディアも、これほどの〝大ネタ〟に食指を動かすどころか完全に黙殺したのだ。

ここではっきりする。司法もメディアも、バイデンの言う〝巨大な選挙詐欺組織〟のメンバーなのだ。だからバイデンは得意げに――最も広範で最も巨大――と堂々と胸を張ってTV画面で宣言し自慢したのだ。

「米国史上、最大の詐欺をやります」

トランプは大量の票を〝盗まれた〟

＊発覚、一六件もの詐欺行為

バイデン陣営の不正は、まさに彼の自慢どおり。

〝バイデンジャンプ〟など、まだまだ可愛いほうだった。

トランプ側の弁護士シドニー・パウエルは女傑だ。

彼女は、それを不正と言わない。クーデター、、、、と呼ぶ。

「……米国左派集団は一六の選挙クーデター行為を行った。私はこの企みを成功させない」

彼女はこうポスト（ツイート）している。

「……トランプ氏は七〇〇〇万票を獲得したが、その他、投げ捨てられたり、違法に改ざんされ、〝バイデン票〟とごまかされた票がじっさい数百万票もあった。トランプ氏は選挙で圧勝していたはずだ。真実はすぐに明らかになる」

有権者が投票機械で〝トランプ〟と入力すると、〝バイデン票〟に入れ替わる……!?

まるでマジックのような仕掛けまで仕組まれていた。

パウエル弁護士が確認しただけで、一六件もの詐欺行為が判明している。

①一人が何回も投票②死者の名義で投票③トランプ票の廃棄④消印と日付改ざん⑤選挙スタッフ強要⑥不正マーカー使用⑦トランプ票無効化⑧集計時にすり替え⑨トランプ票を盗む⑩無資格者の偽投票⑪用紙日付を改ざん⑫監視員の監査拒否など。

＊千余の宣誓供述書も黙殺

――これら不正は「宣誓供述書」によって判明している。これは不正を目撃した者、不正を行った者が「真実である」と宣誓し供述した調書だ。一字でも事実と異なると、虚偽証言として偽証罪の刑事罰が科せられる。だから物的証拠と同様の証拠能力がある。

『アメリカ不正選挙二〇二〇』では、これら供述書は軽く千通を越えている。

これら決定的証拠でバイデン陣営の不正、犯罪、詐欺……さらに国家反逆罪は明らかだ。関係者の大量逮捕は免れない。しかし不可思議なことに司法は、これら「宣誓供述書」という〝証拠の山〟を完全黙殺した。ほぼすべてのメディアも同じだ。

すでにアメリカでは司法権力もメディアも、DSの一員であった。

その戦慄の現実が「宣誓供述調書」無視から判然としてくる。

ワシントンD.C.だけがワニの沼地と化していたのではない。

アメリカ全土が凶悪、狡猾なワニたちの生息地と化していたのだ。

犯罪選挙の中枢装置ドミニオン・コンピュータ

＊トランプ入力が〝バイデン〟に!?

不正選挙の中心的役割を果たしたのがドミニオン集計機だ。

それはドミニオン社製コンピュータで運用されていた。集計機器は全米の開票所に設置されていた。そこにはドミニオン社製「集計ソフト」が使用されていた。

〝ソフト〟が曲者《くせもの》だった。AI（人工知能）による巧妙な〝仕掛け〟が施されていたのだ。

たとえば――トランプに投じた六〇〇〇票が、丸ごと〝バイデン票〟に〝振り替え〟られていた。つまりAIソフトにより、トランプ票を〝バイデン票〟に変換するソフトが組み込まれていたのだ。なんという姑息、なんという悪辣《あくらつ》……。

こうしてトランプの六〇〇〇票は、バイデンに〝盗まれて〟いた。

この〝珍事件〟は共和党側が気づいて抗議したことにより、集計は修正された。

しかし、これは偶然に発覚しただけで氷山の一角にすぎない。

見過ごされた不正は山ほどあったはずだ。

＊一五〇〇万もの〝幽霊〟票

これまでの大統領選挙の民主党と共和党の得票数を比較してみると、過去二回と今回での獲得票数に比べて二〇二〇年、バイデンVS.トランプの対決での総得票数が異常に突出している。

とくにバイデンの〝得票〟がケタ外れだ。

比較すれば、他の三回の民主党得票数は一定している。

それに比べてバイデン得票は異様に天井を突いている。

このときのバイデンとトランプ総得票数を合計すると、有権者数より約一五〇〇万票も多い。

そして、そのほとんどをバイデンが〝獲得〟している。

この幻の一五〇〇万票は、いったいどこから来たのか……？

言うまでもなく、バイデン選挙詐欺チームが捏造した架空の〝大量票〟なのだ。

ミシガン開票所では夜中に白いバンがやって来て、約一四万票もの〝バイデン票〟を集計機にブチこんでいた。同じような不正が全米で同時進行で行われていた。

その結果――集計された投票数は、有権者を一五〇〇万票も上回ってしまった。

つまり二〇二〇大統領選挙では、一五〇〇〇万もの〝幽霊〟が投票してバイデンを勝たせたのだ。

＊四年前にさかのぼり犯人逮捕せよ

このとき桁外れの選挙犯罪が行われたことが、よくわかる。

これだけ大掛かりで〝広範〟で、〝巨大〟な組織的選挙犯罪であった。

なのに、だれ一人、逮捕もされていなければ、起訴すらされていない。

もはやブラックユーモアとして笑う気すらも失《う》せる。

今回、大統領に返り咲くトランプは、この四年前の目もくらむ選挙犯罪を徹底的に掘り起こすべきだ。臭いものにフタをしてはいけない。

悪事は根から絶つべきだ。

さもないと、また悪事の根をはびこらせ、地上はまたもや悪の花園と化してしまうだろう。

米特殊部隊とCIAの銃撃戦で六人が死亡

＊サーバー基地突入で戦闘

二〇二〇年不正選挙では犠牲者も出ている。

際たるものが米特殊部隊員五名の死亡だ。

それは、なんとCIAとの銃撃戦で発生したのだ。

米軍とCIAが銃撃戦……!?

耳を疑い、笑いだす人もいるかもしれない。しかし、悲劇は実際に起きている。

それは特殊部隊がフランクフルトにあるドミニオンの極秘サーバー基地を突き止め、突入した時に発生した。なんと、そこで証拠隠滅《いんめつ》作業を行っていたのはCIAだった……。

「……ドミニオン・システムによる選挙詐欺はアメリカ国境を超えて、海外にまで及んでいた。全米各地開票所のドミニオン集計機のソフトウエアは、インターネットを通じて海外のサーバーと接続されていた。わかりやすくいえば、海外のディープステート（DS）基地だ」（『アメリカ不正選挙二〇二〇』前出）

そもそも選挙集計コンピュータは、外部インターネットと接続されてはいけない。

これは大鉄則だ。なぜなら、集計機がネットと接続されていると、オンラインで集計ソフトが操作されるからだ。選挙結果が自由にコントロールされてしまう。

＊ムサシコンピュータに〝バックドア〟

これは日本でも同じことだ。日本の選挙は、ムサシという会社が戦後一貫して仕切ってきた。

そして、その筆頭の個人株主が時の総理大臣、岸信介なのだ。

筆頭個人株主が自民党の元首相……!?　これでは選挙の公正性は担保されない。

日本の選挙すべてを管理する会社が岸首相の個人所有会社だった……。

それは息子の安倍晋太郎、孫の晋三……と引き継がれている。

ちなみにムサシの法人株主を辿っていくと、最終的にロックフェラーとロスチャイルドの両財閥企業にたどり着く。つまり日本の選挙を支配する特殊会社ムサシの所有者は、総理一族と〝イルミナティ〟企業だった……。

そしてムサシのコンピュータには〝バックドア〟(不正侵入の裏口)があることが露見している。

その事実を告発する女性システム・エンジニア(SE)は、こう証言する。

「……コンピュータに〝バックドア〟があるなら、パスワードだけで侵入できる。つまり選挙結果は自由に操作できる。ＰＣ一台で日本の選挙結果はすべて操作できます」

五〇三部隊、ドミニオン・サーバー基地に突入

＊〝クラーケン〟を放て！

話を米特殊部隊の悲劇に戻す。

選挙集計コンピュータは、外部と接続されてはならない。これが鉄則である。

しかし全米の開票所にあるドミニオン集計機の映像を見ると、なんと堂々とインターネット端末に接続されている！　隠し立てすらしない。まさに確信犯だ。

トランプ弁護団や軍部は、この端末の行く末を追跡して、それがドイツのフランクフルトと接続されていることを突き止めた。

このとき活躍したのが、米陸軍の情報特別大隊五〇三部隊だ。その別称こそ〝クラーケン〟なのだ。由来は北欧神話に登場する〝海の怪物〟だ。巨大タコともイカとも言われている。

海中から現れて巨大な触手で帆船を丸ごと絡め取り、海中に引きずり込む……という伝説がある。その海の怪獣〝クラーケン〟を五〇三部隊は「紋章」にしている。

つまりその長い触手で、あらゆる情報をつかみ取る……という意味がこめられている。

その触手に引っ掛かったのがフランクフルトの極秘サーバー基地なのだ。

一六件もの選挙不正を摘発したパウエル弁護士は「〝クラーケン〟を放て！」と叫んだ。

それは、まさに「五〇三部隊を出動させよ！」という意味だった。

＊六人が即死、CIA長官被弾

〝クラーケン〟の八本の触手がドミニオンのサーバーの在処《ありか》を突き止めた。

完全武装の特殊部隊がフランクフルトの〝敵基地〟を襲撃した。

そして隊員は驚愕する。基地を守っていたのは、なんとCIA職員だった……。

その現場にはCIA女性長官ジーナ・ハスペルもいた。彼女は現場で不正選挙の証拠隠滅作業の陣頭指揮を執っていたのだ。その真っ最中に米軍特殊部隊が突入した。

CIA側も肝を潰したはずだ。「フリーズ！（動くな）」。特殊部隊隊長が叫ぶ。

現場は凍り付いた。まさにハリウッド映画顔負けの光景だ。CIA職員は驚愕して全員ホールドアップ。完全武装の銃口が狙っている。それ以外ありえない。

ところがジーナ・ハスペルを護衛していたのは数名の傭兵《ようへい》だった。

彼らは隙をついて自動小銃を乱射。不意をつかれた特殊部隊員五名が吹っ飛んだ。

すかさず他の隊員が一斉応射。傭兵一人が即死。他は武器を置いて両手をあげた。

このときジーナ・ハスペルも腕に被弾。特殊部隊員が駆け寄り手当てとともに即時解雇、逮捕で身柄を拘束した。

＊ジーナは名を変え生き延びる

彼女はC大型輸送機に乗せられた。行く先はキューバのグアンタナモ軍事刑務所。逮捕容疑は国家反逆罪だ。極刑は免れない。彼女は泣き叫んだという。

そして、すべての尋問に答えた。調書には「彼女はカナリアのように謡《うた》った」と記録されている。元CIA長官は司法取引に応じたのだ。C大型輸送機は行く先をキューバからワシントンD.C.に変更した。言い伝えられるところによれば、司法取引に応じた彼女は証人保護プログラムで守られる道を選んだという。

整形で顔を変え、新しい名を与えられ、ジーナはアメリカの辺鄙《へんぴ》な街の片隅で息を潜めて生きているはずだ。

＊軍上層部は戦闘を認める

突入部隊のうち五名が虚をつかれて一瞬で死亡した。彼らの写真が残されている。

彼らは名誉の戦死者として軍葬で見送られ、遺族の元に帰された。

不正選挙は、ついに痛ましい犠牲者まで出してしまった。

この特殊部隊とＣＩＡの銃撃戦は、初めて聞く人には荒唐無稽に聞こえるかもしれない。

しかしマキナニー元空軍中将とマイケル・フリン元陸軍中将は、メディアの取材に「じつに不幸なことだが事実だ」と認めている。

軍上層まで認めている。なのに、この衝撃的事件を報道するメディアは皆無だった。

それは日本も同じ。大手メディアがディープステートに完全支配されていることの証しだ。

この戦闘の存在を認めると、ＣＩＡがフランクフルトでドミニオン不正証拠の隠滅工作を行っていたことも露見してしまう。

だから、この悲劇は完全に歴史の闇に隠匿されたのだ。

ＣＩＡと特殊部隊との衝突の顛末を伝えるため、ペンタゴン（米国防総省）から二人の使者がホワイトハウスのトランプ大統領を訪ねた。そのとき特殊部隊員五人の犠牲が出た事実も伝えた。なんと偶然にも、その五人はトランプがファースト・ネームで呼び合うほどの親しい友人だったという。この悲劇を聞いてトランプは泣いた……。

それをメラニア夫人が抱き寄せ、慰めたと伝えられる。

CIA銃撃戦で犠牲になった5人の隊員

メディアが報じなくとも、われわれは不正選挙の真実を追及する過程で、五名もの貴い命が失われたことを忘れてはいけない。

このように二〇二〇年不正選挙は、さまざまな人間模様に彩られている。

トランプは七〇%超の得票で完勝していた

＊トランプ票、バイデンに振り替え

五人の貴い犠牲を払って〝クラーケン〟部隊はドミニオン・サーバー情報を入手した。

同部隊はサーバーを徹底的に解析し、次の結論を得た。

「……トランプは七〇%以上の得票率で圧倒、勝利していた！」

さらに続ける。

「……選挙人は少なくとも四〇〇人以上を獲得している」

まさに地滑り的な圧勝である。だから二〇二〇年選挙は、トランプが二期目大統領を務めて当然だった。連邦政府の公式報告書『ナバロ報告』が「トランプは、五〇州のうち四九の州で圧勝していた」と明記したのもドミニオン・サーバー記録の解析などが根拠となっている。

トランプ陣営幹部B・トラッファー氏は一一月一八日、『ニュース・マックス』の取材に明快に答えている。

「……トランプ陣営が、このサーバーから大量に入手した〝生データ〟を見ると、トランプ大統領が当選したことがわかる」

なぜならドミニオン集計ソフトにより、大量トランプ票がバイデン票に計上されていた記録が残されていたからだ。

「……なぜアメリカの選挙サーバーが海外にあるのか？　票はどのように、ある候補から他の候補者に〝すり替え〟られたのか？　全米を覆う不正システムはどのように機能していたのか？　さまざまな謎を解き明かし事実を公開する」（トラッファー氏）

不正サーバー情報はローマの〝指令基地〟へ

＊ドミニオン集計機は中国製

「……選挙当日、投票データは、まずアメリカ国内のマサチューセッツまで集まってきて、その後、セルビアを経由してフランクフルトにいく。このドミニオンの裏にＣＩＡ以外には、Ｆ

BI、セキュリティ庁（CISA）などがあります」（『張陽チャンネル』）

ディープステートが海外にサーバー基地を置いた理由は、安全に確実に不正選挙をコントロールするためだ。

「……米国の選挙をコントロールするドミニオン・データが一挙にあつまるのがフランクフルトのサーバー・ルームだった。極秘拠点だったはずなのに情報が洩れて御用となった。ドイツにまさか米軍は来ないだろうと思っていたら、ドイツ政府の協力のもとで『特殊部隊の活動を許可された』という話も想定外だろう」（『247JAPAN』）

そしてドミニオン集計ソフトは、中国製であることも判明……。

だから不正選挙情報は、中国側に筒抜けだった。

つまりは中国のほうが一枚も二枚も上手だった。

＊ローマが選挙操作基地だった

ドミニオンのサーバー情報はフランクフルトが端末ではなかった。

さらにスイスを経由して、イタリアにつながっていた。

「……主要データはローマにあるアメリカ大使館に移された」という。

CIA元局員ジョンソン氏の証言は生々しい。

「……投票日にトランプ票があまりに多すぎるので、トランプからバイデンに〝票を移す〟という、あらかじめ決められた計算式でやってもバイデン劣勢を挽回することができない。そこでローマ（米大使館）は、フランクフルトからデータをもらって新しい計算方式（アルゴリズム）を急きょ開発した。それでバイデンの〝勝ち〟を確保した」

思わぬ内部告発が相次ぐ。一部始終を目撃したザック女史の証言は迫力満点だ。

「……不正操作はローマにあるアメリカ大使館で行われた。アメリカ外交官サラフェン氏とイタリア将軍クロディア氏の二名が行った。サラフェン氏は大統領選投票日の前日に退職していま す。クロディア将軍は（イタリア巨大軍事企業）レオナルド社役員を務めています」。

オバマ黒幕、バチカン暗躍、軍事衛星で遠隔操作

＊オバマとイタリア元首相レンツィ

彼女の証言は本当の〝黒幕〟に迫っていく。

「……ほとんど隙はありません。みんなで『ドミニオン投票機に問題がある』と言っても――確かにトランプ票がバイデン票に移されたが――どのように移されたか？　それが、わからな

い。つまり『計画』はオバマとイタリア元首相レンツィが画策したのです」（同）

――ついに〝大ワニ〟が登場した。オバマが二〇二〇年不正選挙の黒幕だった。

「……オバマが退任する前、イランに与えた資金の中から四億ドルを不正に抜き取り、アラブ首長国連邦を通して異なるアカウント（口座）に送金しました」（ザック女史）

つまりオバマはこうして約四四〇億円もの公金横領の罪を犯しているのだ。

「お金はトランプ大統領をホワイトハウスから追い出すための資金です。四億ドル秘密資金はどこに流れたか？　すべて掌握されています。どこに、どのように送金されたか、証拠がある。オバマのホワイトハウスでの最後の晩餐《ばんさん》の相手はイタリア元首相レンツィでした」（同）

こうして二人は強い絆で結ばれたのだ。二人は二〇二〇年不正選挙の首謀者となった。

＊軍事衛星でソフト書き換え

イタリアでドミニオン・ソフトを操作した人物も明らかになっている。

それは、軍事プログラマーのアリアンという女性だ。

彼女は「宣誓供述書」にもサインしている。真実を語る覚悟を決めている。

「……駐伊アメリカ大使館の館員の指示で、今回の大統領選挙におけるパソコンシステムに〝コンピュータ・ウイルス〟を植え付け、トランプの票をバイデンに移しました。用いたのは軍事

レベルの〝ネット攻撃〟技術です」（同氏）
その後、軍事衛星を使ってデータをスペインからフランクフルトに転送している。
こうしてイタリアの軍事衛星を使って宇宙からアメリカ全土のドミニオン集計機のコンピューター・ソフトを書き替えたのだ。まさにスパイ映画も顔負けの展開だ。
そしてドラマは、これで一件落着……とはならなかった。

＊超巨大な魚影バチカン

深海の闇から超巨大な魚影が見えてきた。それはあまりにでかすぎるサイズだった。
その正体は……バチカンである。
不正ソフト、ドミニオンの源流をたどる旅は、ついにイタリアにたどり着いた。
トランプ陣営は、同じＮＡＴＯ同盟国イタリアの出現に驚きを隠せなかった。
ところが闇はさらに深かった。
その奥には世界最大の教団バチカンが潜んでいたのだ。
ネットでも超弩級の驚愕が拡散している。
「……トランプ陣営はバチカンを敵に回すのか？」
この巨大な敵に、どう立ち向かうのか？　果たして勝算はあるのか？

なにしろバチカンはカトリックの総本山。信徒は一三億人。

さらに同じキリスト教の〝神〟を信じている（『アメリカ不正選挙二〇二〇』より）。

＊黒幕の黒幕はバチカン……

ジョン・ラトクリフ国家情報長官は、上院に『報告書』を提出している（二〇二一年一月六日）。

内容は「大統領選挙に外国からの介入が存在した。イタリア軍事衛星を使ってドミニオン集計機データがバチカンに集められていた」。

バチカンに情報を流したのはレオナルド社。同社は防衛・安保・航空・宇宙の分野で同国トップ企業。衛星通信でも三五年以上の実績を持つ。言うまでもなくネオコンの一翼だ。

不正選挙に使用されたのも、同社の軍事衛星。同社はドミニオン集計機の選挙不正データをすべてバチカンに流していた。……つまり黒幕の黒幕はバチカンということになる。

バチカンはモニターしていただけか？　指令を出していたのか？

世界を闇から支配する三角形（トライアングル）は——①「バチカン」（精神）、②「シティ」（経済）、③「ワシントンD.C.」（政治）。そして、これこそがDS世界支配の三極構造なのだ。

この三極すべてが、二〇二〇年の不正選挙に絡んでいた。この黒いトライアングル（三角形）こそが支配の頂点に位置する。すなわち、人類家畜支配の中枢《ちゅうすう》なのだ。

第3章

LGBT、ポリコレetc、悪魔勢力の人類家畜化だ

――国家、民族、宗教を破壊し、人類を堕落させ人口五億人以下に

「人は生物学的に男と女だけだ」トランプ、常識への回帰

＊法の強制は全体主義だ

「――私はアメリカを常識の国に戻す」

トランプは大統領選挙に圧勝した直後に国民に約束した。

「人類は生物学的に男と女しかいない」

「女子スポーツに男の参加を禁止する」

まさに、あたりまえだ。

「女子トイレに男が入ってはいけない」

女子浴室に堂々と男が陳入――そんな社会は非常識だ。

トランプ大統領就任はLGBT、ポリコレ、DEI……など奇妙に歪んだ世界を常識ある落ち着いた世界に戻してくれそうだ。

DEIとは――「ダイバーシティ」（多様性）、「エクイティ」（公平性）、「インクルージョン」（包括性）の略。「多様な人を公平に包括し接する」という造語。これが〝ポリコレ〟同様に強要されると奇妙に歪んだ社会現象を巻き起こしている。

LGBTとは――「レズビアン」「ゲイ」「バイセクシャル」「トランスジェンダー」の頭文字をつづったものだ。

これら「性志向の人々も差別せずに受け入れよう」というメッセージがこめられている。

＊社会道徳と思いやり

最近はこれにQが加わった。

それは〝クィア〟（自分自身の性志向が定まっていない）という意味らしい。

ポリコレとは――〝ポリティカル・コレクトネス〟。

意味は「差別・偏見を防ぐ目的で政治的・社会的に公正・中立な言葉や表現を使用すること」。

その言い分は、もっともだ。社会道徳として、お互い思いやりながら生きていこう。

ナルホド……と思う。少数者（マイノリティ）の価値観も尊重しなければならない。

しかし、昨今の傾向は、ＬＧＢＴ法で見られるように法的強制まで要求している。

これは危険な風潮だ。ワクチン強制と同様だ。全体主義に通じる危険な道だ。

＊企業も映画も壊滅状態

悪魔支配のバイデン政権下で、これらＤＥＩ、ポリコレ、ＬＧＢＴＱなどが熱病のように世界中に蔓延《まんえん》した。その典型がディズニー映画だ。

もともとウォルト・ディズニー自身が〝フリーメイソン〟超大物であったことは有名だ。

だから、悪魔崇拝的なこれら大衆〝洗脳〟を推進したのも当然だろう。

その結果は惨澹《さんたん》たるものだった。

実写版『人魚姫（リトル・マーメイド）』には、なんと黒人少女を起用。ポリコレ優先、原作無視で、実に奇妙な映画が完成した。その興業成績も大惨敗。損失一億七〇〇〇万ドルもの超赤字。日本円にして約二五五億円というから背筋が寒くなる。

さらにひどいのが実写版『白雪姫』。LGBTQに配慮し、七人の小人を人種性別ごった混ぜの〝山賊〟にしてしまった。封切り前にすさまじい批判の嵐が殺到。ディズニーは急きょ、七人の小人をCGで撮り直す羽目に。重ねて主演女優レイチェル・ゼグラーが大統領選でのトランプ勝利を呪い「トランプと支持者に不幸が訪れますよう」とSNSに投稿。世界中から猛烈な抗議が噴出。映画も予告編評価は「最低」九七%と、これもまた大惨敗だ。さらに最大手流通会社ウォルマートも経営理念にDEIを掲げていたが、あまりに不評でCEOが会見で廃止を公表する始末。これら奇妙、珍妙、異様な風潮には既成秩序破壊をもくろむ悪魔教（サタニズム）が潜んでいるとしか思えない。

背後に潜む「悪魔崇拝」「価値破壊」「人類家畜化」……

＊悪魔教徒が推進する理由

昨今、急速に台頭してきたこれらの流れをどうとらえたらいいのか？

「思いやり」「やさしさ」「相互理解」は道徳律である。

それを国家権力が法により強制しようとしている。しかも処罰を伴う。つまり、そこに逆差別が発生する。そして国家権力による強制の行き着く先は全体主義（ファシズム）である。

だからＬＧＢＴ法は危険である。そもそも各国のレズやゲイの団体が「そんなものは必要ない」と表明している。なのに強権でＬＧＢＴ法などを強行する。

……不思議に思わないか？

これらＬＧＢＴやポリコレを推進しているのは、だれか？

アメリカでいえば民主党勢力だ。世界でみればＧ７など旧欧米勢力だ。

よく観察すれば、〝闇勢力〟こそが過激派、推進派なのだ。

現在の世界は、〝闇の勢力〟と〝光の勢力〟に二分されている。

闇の側が信望するのは悪魔だ。彼らの本質は悪魔教徒なのだ。

アメリカ大統領選挙の対立構図でいえば――。

〝闇〟		〝光〟
悪魔教（サタニズム）	vs	既成宗教
民主党（ハリス）〝闇〟	vs	共和党（トランプ）〝光〟
グローバリズム	vs	ローカリズム
全体主義	vs	民主主義

ＮＷＯ（新世界秩序）　vs　多様地球社会
人類家畜化　vs　人類共生化
単一文化　vs　多様文化

このような対立構造を、まず理解する必要がある。

闇支配者にとって人類は〝ゴイム（獣）〟なのだ

＊国家、民族、宗教を破壊する

〝かれら〟は、なぜＬＧＢＴを推進するのか？

なぜ男女差をなくそうとするのか？

なぜポリコレに異様に執着するのか？

多くの人々が違和感を覚えている。

まず――。世界を〝闇〟から支配する三層ピラミッドを想起してほしい（11ページ図）。
（1）〝イルミナティ〟、（2）〝フリーメイソン〟、（3）〝ＤＳ〟……。

〝イルミナティ〟創設者マイヤー・ロスチャイルドは、一七七三年、こう宣言している。

「あらゆる国家、民族、宗教を破壊する」「〝ゴイム〟たちの国を滅ぼし、世界統一政府を作る」。

＊世界制服「二五箇条」計画

すでに述べたようにユダヤ教は、異教徒を〝ゴイム〟とさげすむ。つまり人間ではない。動物なのだ。言うことを聞く異教徒は〝家畜〟にする。従わないと〝獣〟とみなす。

〝かれら〟は、最初から異教徒を人間扱いしていない。この事実を忘れてはいけない。

〝かれら〟の目には、異教徒はみんな〝家畜〟か〝獣〟なのだ。

家畜には国家、民族、宗教もいらない。飼い慣らすのに邪魔なだけだ。

マイヤー・ロスチャイルドは異教徒の国家、民族、宗教を破壊し、土地も財産もすべてを奪うと宣言している。

それが「世界征服」の「二五箇条計画」だ

一七七三年、採択されたこの「計画書」ほど、〝かれら〟の本性を赤裸々に示すものはない。

自ら以外を人として認めず、獣とさげすみ、騙し、殺し、奪う……。

〝かれら〟こそ悪魔に魂を売った連中だ。

LGBT、共産主義も国家破壊のダイナマイト

*〝家畜〟に「宗教」は要らない

〝やつら〟悪魔勢力の目的を想起すれば、すぐにわかる。

つまり既成の「国家」「宗教」「価値」「秩序」を根底から破壊する。

〝ゴイム（獣）〟から盗むためには、まず徹底的に破壊する必要がある。

だからLGBTやポリコレは「価値」破壊の起爆剤として使われているのだ。

手っ取り早くいえば、ダイナマイトである。

社会的「価値」体系とは「文化」「宗教」「道徳」「倫理」「哲学」「伝統」「美学」などがある。

これらは、一つの規範として社会を構成する人々の幸福を支える基盤となっている。

しかし人類を〝ゴイム（獣）〟とみなし、〝家畜〟として支配する〝やつら〟にとって、このような規範は邪魔でしかない。

はやくいえば、〝家畜〟に「宗教」は要らない。「道徳」なども要らない。

これが〝やつら〟のホンネなのだ。

ＬＧＢＴもポリコレも……「道徳」破壊の推進剤、起爆剤として使われている。

＊ドラッグ、道徳の退廃を

なぜ、ここまで断言できるのか？

〝やつら〟は地球征服『二五箇条』計画で、はっきり明記しているのだ。

第七条「群集心理を利用して、大衆に対する支配権を獲得する」

ＬＧＢＴ、ポリコレなどのムードは一種の群集心理を醸成する。

それを〝やつら〟は利用し、大衆を誘導していくのだ。

第八条「酒類、ドラッグ、退廃的道徳、あらゆる形態の悪徳を工作員を通じて、組織的に利用する。こうして諸国家の若者の道徳心を低下させなければならない」

この条項は、さらにこう続く。

「……賄賂もペテンも裏切りも、われわれの目的達成に役立つなら続けなければならない」

やはり〝こいつら〟は悪魔に魂を売っている。

さらに言えば〝家畜〟には肌の色など関係ない。「白」も「黒」も「黄色」も無関係。

さらに言えば「性志向」など、どうでもいい。よく働きさえすればいい。

みんな人間ではなく動物なのだから……。だから〝やつら〟にすれば、LGBTもポリコレも、牧場主が色の違う家畜を一緒くたに柵の中に集める感覚なのだ。

＊マルクスは悪魔勢力の工作員

ちなみにライオネル・ロスチャイルドは無名作家カール・マルクスを工作員として重用した。

彼に「共産主義インターナショナル」を設立させた。この秘密組織の発起人はわずか三人。

マルクス、詩人ハインリッヒ・ハイネ、そしてロスチャイルドである。

当時、欧州でも随一の大資本家だったライオネルが「資本主義を打倒する」組織の後ろ盾となっている。というよりマルクスはあくまで看板だ。実質的な創設者はロスチャイルドなのだ。

この組織は全世界の共産主義運動の司令本部となる。

その設立者が欧州屈指の資本家ロスチャイルドなのだ。

共産主義は、スタート時から腐臭の陰謀に満ちていたのだ。

さらにロスチャイルドはマルクスに『共産党宣言』『資本論』など一連の著作を書かせた。

そして彼を〝共産主義の神〟に奉《まつ》り上げた。

そうして全世界に共産主義運動を拡大させていった。

ロスチャイルドの目的は、共産主義を国家破壊〝ダイナマイト〟として活用することだ。

詳しくは、拙著『世界をだました5人の学者』（ヒカルランド）に詳述した。

LGBTも共産主義も「国家」「民族」「宗教」〝破壊〟のための爆薬でしかない。

性的マイノリティや労働者階級など、悪魔的〝やつら〟にとって、どうでもいいことなのだ。

ただ伝統的秩序破壊の〝爆薬〟として利用できるから、利用しているにすぎない。

悪魔たちの狂宴……パリ五輪開会式のおぞましさ

＊現代版ソドムとゴモラ

……二〇二四年夏、パリ五輪開会式はじつに醜悪だった。

見るに堪えない、とはこのことだ。

キリスト教の否定。暴力の賛美。不道徳の謳歌……。

それこそディープステートが描く未来社会なのだ。

五輪開会式で、まさに悪魔勢力がその正体を現した。

グロテスク極まりない祭典だった。そもそも五輪憲章は、オリンピックを平和の祭典と位置づけている。そこには政治的、宗教的な信条を持ち込んではならない。

しかし醜悪なパフォーマンスは政治的、宗教的、独り善がりな主張のオンパレードだった。

国家を否定し、宗教を呪い、道徳を破壊する……そんな〝かれら〟に残されているのは、まさにソドムとゴモラを思わせる世界なのだ。

これは言うまでもなく、旧約聖書『創世記』に登場し、その堕落ぶりに神ヤハウェーに滅ぼされた都市として知られる。それは今も「悪徳」と「退廃」の代名詞なのだ。

「……ソドムとゴモラやその周辺の街は、淫らな行いにふけり、不自然な肉欲の満足を追い求めた」（『新約聖書』ユダの手紙）

そのため神の裁きを受け、天からの硫黄と火炎により都市ごと滅ぼされたと伝承されている。

「淫らな行い」「不自然な肉欲」は、まさにパリ五輪開会式の饗宴そのものだ。

加えて、それは過度なＬＧＢＴ礼賛にも通じる。

＊キリスト教の否定、暴力の肯定

開会式は思い出すのも不快になる。

そんな醜悪なパフォーマンスが次々と繰り広げられた。

レオナルド・ダ・ヴィンチの名作『最後の晩餐』をグロテスクな登場人物たちが、嘲笑し揶《や》揄《ゆ》する。青塗りの裸体の男が横たわる。ドラァグクイーンと呼ばれるヒゲ面のオカマ女が腰をくねらせ踊り狂う。まさに狂気と破壊の狂宴……。

退廃と醜悪と暴力の氾濫……。そんな演《だ》し物が、これでもかとばかり繰り広げられる。

ナルホド……世界を闇から支配してきた国際秘密結社〝イルミナティ〟が望む人類の将来は、こんな社会なのか……と妙に納得させられた。

ショーの極め付けは、フランス革命でギロチン斬首された王妃マリー・アントワネットの登場だ。それもじっさいに彼女が幽閉されていた建物を使用しての血染めのショーだ。

首無し血染めの人形、自らの首を両手に。そして、その生首が口パクで歌う。

これ以上、考えられない醜さ。恐ろしさ。斬首を連想させる鮮紅色の〝血飛沫〟が建物のすべての窓から一斉に吹き出す。

平和と愛と調和をモットーとする五輪憲章など、もはや、どこにもない。

この演出にも〝イルミナティ〟の意図がうかがえる。

世界征服『二五箇条』に以下のくだりがある。

第一条「人類を支配するには、暴力とテロリズムに訴えよ。すると最上の効果が得られる。権力は〝暴力〟の中に存在するのだ」

フランス革命の混乱で約二万人もの市民、活動家たちがギロチン台の露と消えた。

生首を抱えたマリー・アントワネットを五輪開会式で登場させたのも〝闇勢力〟の警告だ。

「逆らったらこうなるぞ」という脅しだ。

これら仰天映像が世界に生中継で配信された。人々は破滅的、堕落的、不道徳な光景の氾濫に仰天した。それは既成の価値、宗教、規範の破壊であった。

世界中のリーダーも、あまりの醜悪さに顔を背《そむ》けた。

しかし主催国フランスのマクロン大統領だけは別だった。

「……素晴らしい演出だった」と絶賛を惜しまない。

その頭の中は、どんな構造をしているのか？

どんな感覚の持ち主なのか？

グロテスクで醜悪な五輪パフォーマンスを褒めちぎる。どういう神経なのか。

だれもが首をかしげる。しかし、その謎も解けた。

この一見ハンサムな政治リーダーの隠された性癖が暴露されたのだ。

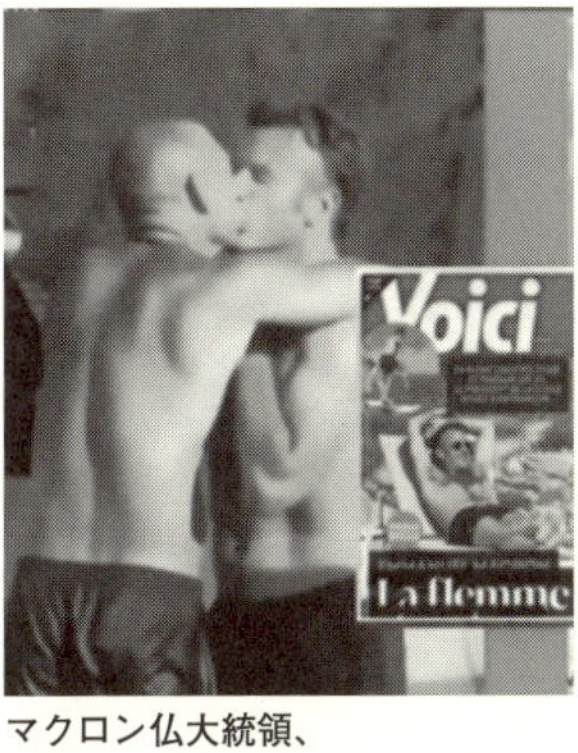

マクロン仏大統領、
秘められた熱い休日

隠しておきたい醜悪な過去も露見することとなった。

仏大統領の性的志向とは……ズバリ、ゲイである。

証拠写真が週刊誌『Ｖｏｉｃｉ』で盗撮されている。上半身裸で、やはり裸の男性たちと触れ合い、抱き合い、戯れてお互いにキスするマクロンは心から快楽を謳歌している。

まさに仏大統領の正体みたり……。

マクロンの二四歳年上〝妻〟は〝男〟だった！

＊ディープステートが育てたゲイ政治家

国際ジャーナリスト河添恵子氏は断言する。

「マクロンは彼自身の性的志向も含めディープステートが望んだ秘蔵っ子、エリートです」

つまり〝闇の勢力〟が大切に育ててきた政治家なのだ。

河添氏は動画配信で、その年上妻の正体も暴露している。

「この夫婦、何かがおかしい」「同性愛者しかトップになれない？」「マクロン大統領の〝妻〟の秘密」

マクロンの妻ブリジットといえば、二四歳年上ということで大きな話題となった。

一般には広く世代を超えた愛……と好意的に受けとめられていた。しかし、その年上女房の正体が〝男〟というから世界は仰天した。

河添氏は醜悪なパリ五輪2024オリンピックがフランスで開催された〝裏事情〟を解明してみせる。

「……キリスト教徒にとって神聖な行事が〝多様性〟という大義と舞台芸術という名の元で、攻撃的かつ冒瀆《ぼうとく》的なショーに仕立てられれば、その宗教的な無神経さに嘆く人々、怒る人々がいるのは当然です」

24歳年上“妻”の正体は“男”だった

＊エログロの開会式を大絶賛

ところがマクロン大統領は、開会式の監督トマ・ジョリー氏への誹謗《ひぼう》中傷と攻撃に対して「アーティストへの攻撃を正当化できない」と徹底的に擁護した。

それだけではない。「フランス人は、この式典をとても誇りに思っている」と胸を張って自賛した。エログロで不道徳の極みの演出を「フランスの誇り」と言ってのけたのだ。

さらに、こう言い足した。

「……フランスは、ありのままの顔を見せた」

つまり不道徳で破壊的な開会式演出こそ「フランスの素顔」と明言したのだ。

これにキリスト教関係者は絶句し、激怒した。

ローマ教皇は即座に不快感を示し、真っ向から反対の意思を表明した。

開会式の醜悪な描出は、フランスの〝ありのまま〟の姿では決してない。

マクロン自身の〝ありのまま〟の姿なのだ。彼こそは隠れ同性愛者であった。

その性癖は巧妙に〝隠蔽《いんぺい》〟されてきた。だからフランス国民は、ノーマルで優秀な指導者だと信じてきたのだ。

今回のパリ五輪は、彼が思わず隠し続けてきた自らの正体をカミング・アウトしてしまった。

それは、性倒錯者としての自分を思わずさらけ出してしまう羽目となった。

なるほど、個人の性志向は自由だ。なら、堂々とそれを表明すればよい。

自らの生き方を国民に示して国民の指導者となればよいのだ。

マクロンの〝妻〟ブリジットの黒歴史

しかし醜聞（スキャンダル）は、底無しだった。

マクロンの年上〝妻〟ブリジットが、じつは〝男〟という仰天暴露がフランス中を震撼させているのだ。

マクロンは一四、五歳の少年のとき、将来の〝妻〟ブリジットと出会った。

この頃〝彼女〟は四〇歳。高校で仏語と演劇を教えていた。

＊〝男〟と〝男〟が結婚した

間違いなく、この時、〝彼女〟は美男だった一人の少年に目をつけた。

二人の間には、禁断の恋が生まれたのだ。こうして隠され続けた熱愛を経て、二〇〇七年に二人は〝結婚〟した。それも〝男〟と〝男〟の結婚である。当時は法的に許されるわけがない。

そこで〝彼〟は〝女〟を偽装し、名前もブリジットとして結婚したのだ。

〝かれら〟は夫婦と公式に認められ、今も仲睦まじく暮らしている

ここまで書いているうちに頭がおかしくなりそうだ。

この二人の関係は、一言で〝狂っている〟……。

「……マクロンに政界プリンスとの称賛が降り注ぐ一方で『裕福な同性愛者ロビーのメンバーだ』という噂が流れていました」（河添氏）

＊裸の本性を表したマクロン

二人はあらゆるメディアを使い、愛し合う〝カップル〟を偽装した。こうして国民と世界を騙し続けてきた。自分たちの愛し合う姿をあらゆるメディアに露出させ、健全な政治家夫婦であるイメージを流し続けたのだ。

これは、いわゆる〝逆パパラッチ〟だ。

マスコミには金さえばらまけば、いくらでも操縦、操作できる。

こうして世界はマクロン夫妻を年の差を乗り越えた理想的なカップルと信じこまされてきた。

まさにメディアの〝洗脳〟の恐ろしさだ。

しかし近年、マクロンのイメージ戦略に変化が現れてきた。

マクロンのLGBT、ゲイ志向をうかがわせる写真が漏出し始めている。

首相にゲイでイケメンの35歳を任命

これはバイデン政権の成立と軌を一にしている。

さらに世界的なＬＧＢＴやポリコレ台頭を背景にしている。

彼はこう考えたのだろう。もう、ここまで来たら、オレの正体も明かすか……。

こうしてマクロンはついに本性を現したのだ。パリ五輪開会式の絶賛などは、まさにそれだ。

〝妻〟ブリジット、死んだ妹の「戸籍」を盗む

＊これは完全な犯罪行為

正体を現したのはマクロンだけではない。

〝妻〟ブリジットの驚愕の黒歴史が次々に露見してきた。

一〇年ほど前、マクロンの〝妻〟の素姓を徹底的に調べ上げたジャーナリストがいる。

その結論は、ただただ驚愕である。

「……〝妻〟は〝ジャン・ミシェル・トロニュー〟という男性として生まれた」

一九四五年生まれ。〝ジャン〟には一九五三年生まれの〝妹〟ブリジットがいた。

「……その〝妹〟のアイデンティティ（出生証明）を簒奪《さんだつ》したのがジャン。すなわちマクロン

の〝妻〟である」

妹つまり本物のブリジットは死亡。

兄ジャンは、妹の戸籍を奪って〝女〟になりすました……。

その男ジャンが仏統領の〝妻〟ブリジット……なのだ。

まさに奇想天外、空前絶後の奇談だ。

むろん、そのような戸籍簒奪《さんだつ》行為は完全な犯罪であり、詐欺犯罪である。

戸籍法や刑法（詐欺罪）違反で〝妻〟ブリジットは、即座に警察当局に逮捕されるべきなのだ。

〝兄〟ジャンが〝妹〟の戸籍を盗用したのは一九八〇年頃から……。

その頃には、〝妹〟の「出生証明書」「身分証明書」「社会保障番号」などを持っている。

＊ジャーナリストは不審死

どうして、このような禁断の秘密が明らかになったのか？

それは徹底的に真実を暴いたジャーナリスト、グザビエ・サール氏の功績である。

彼はマクロンの〝妻〟ブリジットに関する大量の証拠写真も発掘している。

さらに、それらを顔認識ソフトで比較した。その結果、〝ジャン〟と〝ブリジット〟は同一人物であることを科学的に立証している。

「……マクロンの〝妻〟は妹の〝ブリジット〟ではなく、兄の〝ジャン〟であることは完全にまちがいない」（サール氏）

マクロンは、サール氏の著作などによる暴露に対して事実無根と裁判を起こした。

しかし、これら決定的な証拠を前にして、今は沈黙を守っている。

＊昔は〝男〟五人の子持ち！

サール氏は著作で衝撃事実も明らかにしている。

「……ジャンは過去に二人の女性との間に五人子どもを残している。その後、性転換してブリジットになりすまし、マクロンと結婚した」

この執念の取材を続けたジャーナリスト、サール氏は、二〇一五年、不審死を遂げている。

真実を追及し、暴いたジャーナリストの突然死。そこに〝闇の勢力〟の暗い影を誰しも感じるはずだ。正義のジャーナリストは悪魔勢力に〝消された〟と確信する。

われわれは、〝やつら〟の残忍さを知るべきだ。そして、それに怯《ひる》んではならない。

これまでの一連の動きを見て、だれもが、なんとも言えぬ気色の悪さを感じるだろう。

亡き“妹”の戸籍を盗んで“女”に変身

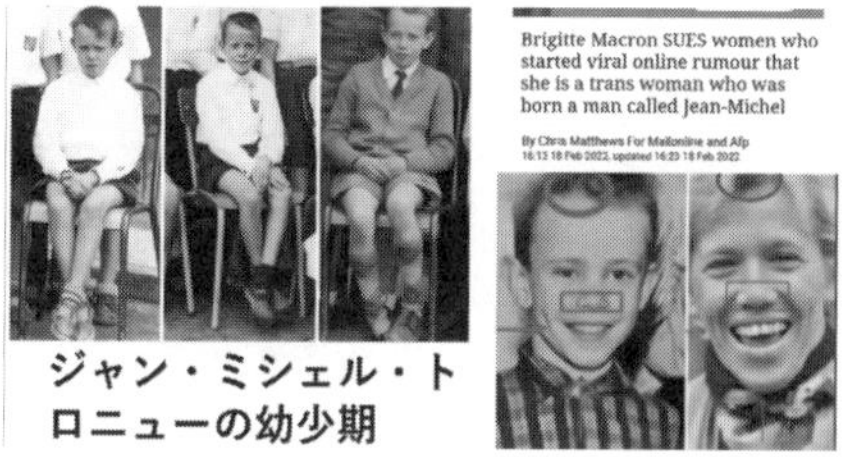

サール氏の記事より

河添氏の指摘するように、世界の政界では同性愛者でないとトップに立てないような風潮が蔓延し始めている。ゲイであることが露見してしまったマクロン大統領が、その典型だ。

では——。彼を仏大統領にまで引き上げたのはだれか？

それが経済学者ジャック・アタリである。

彼の別名は〝欧州のキッシンジャー〟。

それほど〝闇世界〟に影響力をもつ実力者だ。

マクロンはまさに、この黒幕が育て上げたのだ。何でも言うことを聞く政界の〝サラブレッド〟のスキャンダルをばらすようなことを悪魔たちが許すわけがない。

欧州の黒幕ジャック・アタリが潜んでいた

染色体〝男性〟が女子ボクシングで優勝の珍事件

＊性差の伝統価値が崩壊

話題をパリ五輪に戻す。スキャンダルは開会式にとどまらない。

五輪そのものも性倒錯者の〝祭典〟と化してしまったのだ。

その典型が女子ボクシングだ。六六キロ級優勝者アルジェリアのイマネ・ケリフ選手と五七キロ級勝者、台湾のリン・ユーチン選手はいずれも〝元男性〟である。

この時点でXX染色体、XY染色体で、男女が区分されてきた、生物学的な〝性区分〟が崩壊した。つまり男女の境界の〝破壊〟である。

それは人類が培ってきた伝統的な価値体系の〝破壊〟なのだ。

伝統価値の破壊――これこそ悪魔勢力が腐心し、推進している宿願なのだ。

だから、たかがボクシングではない。

それは明らかに計画され、企図されて、実行に移されているのだ。

世界的なLGBTの権利をうたい、ポリコレを訴える機運とも重なる。

ケリフ、ユーチン両選手とも国際ボクシング協会が主催する前年ボクシング選手権の検査でXY染色体を持つと証明され、出場権を剝奪《はくだつ》されている。

つまり生物学的な〝男性〟であることが証明された。

だから女子ボクシング部門への出場権がないのは、当然である。同協会の判断は正しい。

＊五輪はハイジャックされた

ところが国際オリンピック委員会（IOC）バッハ会長は、公式声明を発表した。

「……〝彼女〟らを〝女性〟として疑う余地はない」

国際世論と真逆の見解を表明したのだ。これには世界も唖然《あぜん》とした。

トランプ大統領はかねてから言っている。

生物学的な男女差は伝統的な価値体系の根幹をなす。

IOCの見解は、それを根底から覆す破壊力を秘めている。

そこに一体、何が起こっているのか？

つまり国際オリンピック委員会は、世界の価値体系の破壊を目論む勢力に乗っ取られたのだ。

政界（性界）はゲイ・ネットワークに支配された

＊トルドー首相とキス抱擁

次の写真は、衝撃的だ。二〇二三年、カナダのトルドー首相とマクロン大統領との再会のシヨットだ。二人はともに『世界経済フォーラム』のヤング・リーダー。

そして、この組織こそ悪魔勢力の巣窟であることは、あまりに有名だ。

トルドーとマクロンは互いに見つめ合い、抱擁し、頬をすりよせる。

二人が〝深い仲〟であることは疑う余地はない。

さらに、マクロンとウクライナのゼレンスキー大統領との〝親密さ〟を明かしている。肩を抱き寄せ、耳元に口付け。当然のように受け入れているゼレンスキー。二人の仲はアムステルダムＬＧＢＴパレードでも〝象徴的〟な存在とみなされている。

二〇二四年一月、マクロン政権下で最年少三五歳で首相に任命されたのがガブリエル・アタル氏（前国民教育大臣、１０８ページ写真）。彼は自ら同性愛者であることをすでに公表している。

そして彼が外務大臣に指名したのが、自分の〝恋人〟なのだ。

まさに世界の政界（性界）は露骨なゲイ・ネットワークで侵蝕され続けている。

カナダのトルドー首相と熱い抱擁を交わす

それは「ゲイでなければ政治家でない」という勢いなのだ。

こうして政治権力の場も急激に、道徳や倫理などの価値破壊が爆速で進行している。

それは伝統的、生物的な価値からも不道徳（インモラル）であることは論を待たない。

〝闇の勢力〟は、その不道徳性を国家、民族、宗教を破壊する〝爆薬〟として用いているのだ。

フランスは、まがりなりにもカソリックの国である。だから同性愛者が大統領ということは考えられなかった。しかし河添氏は「マクロンで一線を越えた」という。

そのゲイ大統領を寵愛、重用してきた前出のジャック・アタリはディープステートの超大物である。まさに欧州政界（性界）を牛耳る巨大ワニなのだ。

＊オバマの〝妻〟ミシェルも

マクロンの〝妻〟の正体に驚いてはいけない。

すでに驚愕の前例が存在するのだ。

それがオバマ元大統領の〝妻〟ミシェルの正体だ。証拠写真も存在する。

ミシェルが実は〝男〟であることは、意外なところから露見した。

ハリウッドの年配女優が世間話で「ミシェルは男なのよ」と漏らしたことがきっかけとなった。ハリウッドセレブたちは騒然となった。

しかし、それは恐怖に変わった。数週間後に、その女優は自宅で死体になって発見されたという。まさにＤＳからの警告でもあった。

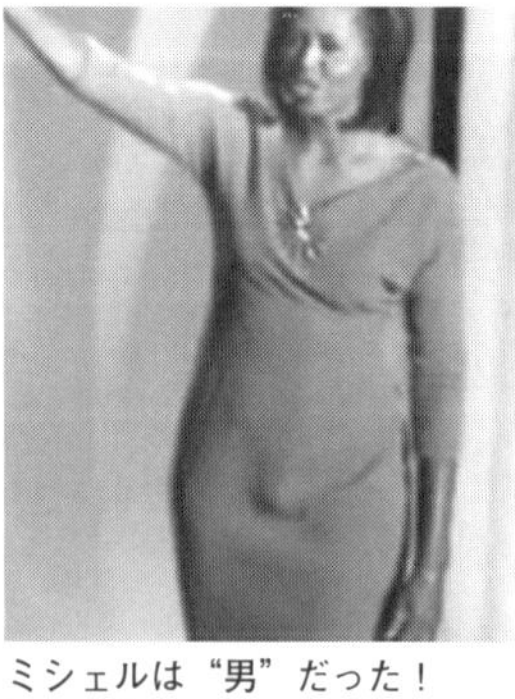
ミシェルは“男”だった！
決定的証拠

しかし、もはや臭い物にフタはできない。ミシェルが〝男〟である証拠写真がＳＮＳで拡散され、話題をさらった。スカートの下の一物がくっきり。

さらに決定的なのは、若きオバマとミシェルならぬ〝マイケル〟のツーショット。

ちなみにオバマの半生記録もでっちあげ。本名はバリー・ソエトロ。生まれはアメリカではなくケニアという。彼は〝イルミナティ〟が幼少期から育てあげた〝秘密兵器〟とも言われている。これはマクロンにも通じる。出生証明などの怪しさはブリジットやカマラ・ハリスとも共通する。悪魔勢力は地球を丸ごと支配するため、〝工作員〟を幼年期から育成している。……その目的はすべて堕落と退廃へ……人類を導くためだ。

マクロンやブリジット、さらにオバマらの台頭は悪魔のシナリオに沿っている。

〝やつら〟は世界の政治家地図を同性愛者や性的倒錯者で埋め尽くすつもりだ。

なぜなら人類の既成価値を根本的に破壊し、〝ゴイム〟の獣性に目覚めさせることが目的だからだ。そして服従しないゴイムは戦争やワクチンなどで大量殺戮する。

従うゴイムは家畜とする。それが悪魔勢力の狙うＮＷＯへ至る道だ。

右がマイケル？

第４章

トランプDS解体「10大改革」は米国史上最大の革命だ

——腐敗、癒着、犯罪……ワシントンD.C.沼のワニたちが一掃される

メディアも空振り、〝ハリスジャンプ〟も届かず

＊ID不要州で〝ハリスジャンプ〟

——悪事は二度と成功しない。

二〇二四年、トランプ圧勝！　その知らせに、私は安堵《あんど》した。

四年前と同じ底無しの選挙犯罪をディープステート（ＤＳ）はやらかすのではないか？

それは杞憂《きゆう》に終わった。しかし悪魔勢力の民主党側が不正を行わなかったわけではない。

〝やつら〟も必死で不正工作を試みた。

しかし、あのような空前絶後の犯罪選挙がもう一度、成功するわけがない。

今回は共和党側も徹底した監視体制を備えていた。

事前に徹底的にシラミつぶしで不正防止に当たったのだ。

しかも、まさに巨大津波ともいえるトランプ支持の怒涛《どとう》はすべての企みを撃破した。

それでも民主党側は、執念深くさまざまな不正を試みている。

だから今回も〝ハリスジャンプ〟はまぎれもなく発生したのだ。

まさに性懲りもないとは、このことだ。

トランプ新政権が真っ先にやるべきことは、これら二度にわたる犯罪選挙の徹底した摘発だ。

まずは目の眩《くら》む二〇二〇年不正の摘発検証だ。

これだけでも当事者のバイデン、ハリスの逮捕は決定的だ。

かさねて今回の選挙犯罪も暴かなければならない。

関係者たちを免責してはいけない。これは二度にわたる犯罪詐欺選挙による国家転覆の企みなのだ。はやく言えば、国家反逆罪だ。仕掛けた連中は蟻の子一匹逃してはならない。

一人残らず関係者は身柄を検挙、拘束し、尋問して罪状を問わねばならない。

＊ID不要で不法移民が投票

ネットにこのような投稿があった。

「……今回は〝ハリスジャンプ〟も届かなかったんですよねー。何もしてこなかった、何の実績もないハリスが、あの経済でも、外交でも、物凄い実績と世界的に影響力のあるトランプ大統領と五〇％を競う接戦なんて相当不正に上乗せされていたんだと思いますよ」

なぜ、かつてのバイデンジャンプと同様に〝ハリスジャンプ〟が起こったのか？

今回の選挙で民主党の優位州は〝奇妙な方式〟を採用している。

それが「ＩＤ（身分証明書）なしで投票できる」という信じられないシステムだ。

ご存じのようにアメリカでは、酒を買うにもＩＤ提示が必要だ。未成年に酒を売らないための措置だ。銃の購入にもＩＤの提示を求められる。いくら銃器所持が憲法で認められているといっても、これは最低限の社会安全の保証システムだ。

これで市民権を持たない不法移民らの武器入手を防ぐことができる。

ところが民主党が強いカリフォルニア州など一部州では、今回の選挙で「ＩＤなし」で投票を受け付けたのだ。次の地図は①「写真付きＩＤ提示が必要」（黒地部分）、②「写真なしＩＤ提示が必要」（白地部分）、③「ＩＤは必要なし」（灰色部分）の三区分。

③では、市民が投票所でＩＤを示すと「やめろ！」と怒鳴られたという。もはや奇妙を通り越して完全に狂っている。

それが民主党優位州で行われたのだ。

これ自体が露骨な〝選挙犯罪〟だ。

そしてハリスとトランプ各々〝勝利〟地図を比較すると、カマラ・ハリスが〝勝利〟した州がほとんど〝ＩＤ不要〟州と重なっているのだ。

＊大量動員をバスで運び込む

ハリスが〝勝った〟のは〝ＩＤ不要〟の州のみだった。

つまり異常な〝ハリスジャンプ〟は〝ＩＤ不要〟州のみで起こっている。

もはや理由は明白だ。これら州では不正投

“ハリスジャンプ” はID不要選挙区のみ

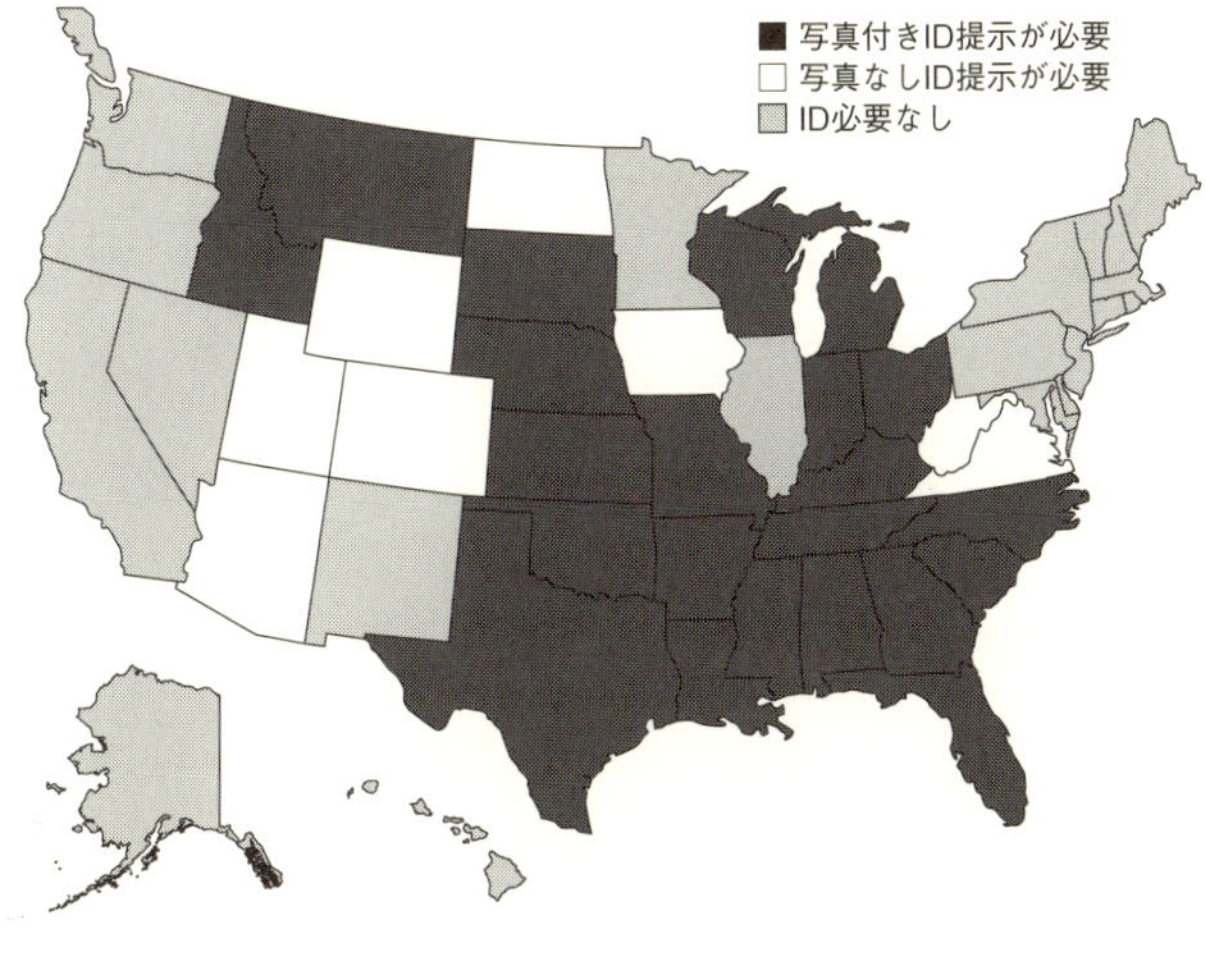

票が大々的に行われた。投票所で身分証明が求められない？　だれもが信じられない。

これでは投票資格のない者でも堂々と投票できる。

その典型が大量不法移民たちだ。その数は累計二〇〇〇万人にもたっするという。

ここで民主党が不法移民を大量に国内に誘導した目的はもはや見え見えだ。

まず①移民たちに恩を売る。②選挙権を与える。③民主党に投票させる。

目的は〝やつら〟が国をハイジャックするためだ。

イーロン・マスクは、この国家泥棒を深く憂慮していた。

「……激戦州では、これらの不正投票が決定的になります」

だから民主党は不法移民たちに無料で航空チケットまで与えて選挙区へ誘導していた。

しかし開票後に、その目論見は見事にばれた。カマラが〝勝った〟州だけＩＤ不要……。

不法投票者を大量に〝送り込んだ〟のはだれでもすぐに納得できる。

ある目撃者は証言する。

「……バスで乗り付け、大量の人間を投票所に送り込んでいた」

この投票所で厳正に写真付きＩＤの提示を求めたら、これら動員された人間は全員アウト。

追い返される前に警察が不正選挙の未遂犯として、その場で逮捕だ。

このようにＩＤ提示の投票所なら〝無効〟となるはずの票が大量に紛れ込んだ。

そこには無論〝カマラ・ハリス〟票だ。二〇二〇年、開票場にトラックで大量バイデン票を搬入したのと同じ手口だ。すぐにばれる幼稚な犯罪を、よくもまぁ堂々と繰り返すものだ。

それだけ悪魔勢力DSは追い詰められていたのだ。

前述のように民主党と共和党の票総数を足すと、一五〇〇万以上もの多くの票が入っている。ところが二〇二〇年時点での、米国有権者数は一億四〇〇〇万人だった。それを上回る約一億五五〇〇万人以上が〝投票〟した……ことになっている!?

有権者数を超える一五〇〇万人は、一体どこから来て〝投票〟したのか？

まさに〝幽霊〟……。二〇二〇不正選挙の決定的な証拠だ。

この選挙ではトランプ獲得票は圧倒的に多かった。……多勢に無勢。バイデン側は、それを上回らなければならない。だから一五〇〇万もの〝幽霊〟を上乗せした。

そのため総得票も有権者を一五〇〇万も超えてしまった！

壮大なるブラック・コメディだ。学校クラス委員の選挙でも大騒ぎになるだろう。

それが世界一大国の大統領選挙で堂々と行われ、一五〇〇万もの〝幽霊票〟が動員されても、だれも気づかず、だれも騒がない。まさに人類はとっくの昔に地に墜ちている……。

トランプ次男の妻ララ氏、不正選挙監視チームで活躍

＊不正投票を次々に摘発

しかし一五〇〇万もの〝幽霊〟など、可愛いものだ。

二〇二〇年不正では、ドミニオン集計機の情報は、最後にバチカンにまで届いていたのだ。そしてイタリア軍事衛星を使い、宇宙から全米開票所の〝ドミニオン〟コンピュータのアルゴリズム（数式）を書き替えて集計不正を加速させている（第2章参照）。

「世界六五か国以上が不正に関与」（米公式報告）。

まさにDSは地球ぐるみでトランプから大統領職を奪った。

しかし世界中、誰一人気づかない……。

アメリカだけではない。

世界の腐敗と凋落はとっくに始まっていたのだ。

それでも今回、〝ハリスジャンプ〟が成功しなかった。

トランプ・ファミリー選挙勝利で勢揃い

「……もう二度と罠にはかからない」

トランプ陣営のぬかりない周到な未然の対策が大きい。

そこでトランプ次男の夫人ララ・トランプ（四二歳）の活躍が大きい。

彼女は元テレビプロデューサーの才媛。現職は共和党全国委員会ナンバー2の共同委員長。

大統領選にあたってララ氏は共和党全国委員会で初めて、不正選挙監視組織を立ち上げた。

その働きにより選挙四日前から激戦州で不正投票が次々に摘発、報告された。

これらは、すべて未然に防がれ、投票結果への悪影響が免れた。

二〇二〇年不正選挙の屈辱をトランプ陣営は、忘れてはいなかった……。

アメリカ建国以来の〝革命〟が始まった

＊バイデンと一八〇度真逆

「……メイク・アメリカ・グレイト・アゲイン！」

圧勝直後、投票日から二日目、トランプの新体制が動き始めた。

まず初の女性「大統領首席補佐官」に「チーフ・オブ・スタッフ！」とスーザン・ワイルズ

氏（67歳）を拍手で任命した。

彼女はトランプ陣営で選挙対策本部長として辣腕《らつわん》を振るっている。首席補佐官は大統領の側近中の側近。ホワイトハウスで政府内の調整、議会対応などを担う。さらに大統領スケジュール管理など政権の要《かなめ》だ。女性起用は米国史上初。トランプは「最も偉大な政治的勝利を得るために助けてくれた」と選挙戦での彼女の働きを称えている。

「……トランプは前政権の自身一期目について、『当時は政治経験がなく、人材登用をまちがえたことが最大の過ちだった』と話している。新たな政権発足に向けて人物像を見極めながら、人選を進めている」（AP通信）

トランプ圧勝はアメリカの国内情勢を一変させた。

まさに腐敗しきったバイデン政権とは一八〇度異なる〝革命〟が始まった。

エリック・アダムズ、ニューヨーク市長はトランプ勝利を受け「不法移民への食料券配付終了を宣言」した。これは同市長がトランプと電話会談した翌日の決定だ。

次は全国で大量送還はまちがいない。合法移民はともかく、どんな国でも不法移民の存在は犯罪である。それを優先的に国内に入れる行為も犯罪なのだ。

バイデン政権は大統領が率先して、この国家レベル犯罪を強行してきたのだ。

大統領みずからが国家規模の犯罪を指導というより命令してきた。

……まさに国家そのものが狂った四年間だった。

そしてトランプ攻撃の急先鋒だった特別検察官ジャック・スミスは、トランプに対する訴訟を全面却下し、自らは辞任する意向を示している。

ワニたちは、いっせいに逃げ出し始めている。

＊製薬会社トップはパニック

開票日、ロバート・ケネディ・ジュニア（RFK）法律顧問ジャメル・ホリー弁護士氏は証言する。

「……消息筋によると、製薬会社トップ五人のCEOが午後一時に緊急電話会議を開催する予定だという」

つまりファイザーなど製薬会社トップが「トランプ圧勝でパニックになっている」。

その現実を確認している。彼はニュージャージー州の州議会議員でもある。

これは製薬会社だけではないはずだ。

トランプが大統領になると「『エプスタイン顧客リスト』を開示する」と断言している。

少女売春、小児性愛、人身売買などで世界中のセレブを接待し籠絡《ろうらく》していた希代の悪党ジェフリー・エプスタイン。所有していた島に未成年者を含む女性で接待をしていた。

その〝ロリータ・アイランド〟接待客リストこそ、DSのID（身分証明）そのものだ。

悪魔勢力ディープステートへの反撃が始まる

＊生命、健康、安全を守る

新政権ではトランプの右腕――。それがロバート・ケネディ・ジュニア（ＲＦＫ）だ。

トランプは勝利宣言の中で、こう叫んでいる。

「……メイク・アメリカ・ヘルス・アゲイン」（アメリカをもう一度、健康に！）

そこで全面的に大役を任されたのだ。

ケネディ氏は胸を張って宣言する。

「……まずＦＤＡ（米国食品医薬品局）全体を一掃する」

米国民の健康、生命、安全は彼の双肩に託された。

「……トランプ氏からもＦＤＡとＣＤＣ（疾病予防管理センター）、ＮＩＨ（国立衛生研究所）と農務省の再編を命じられた」

この発言にネット民も興奮……。

「ケネディさん、ガチでやる気です」「ガチでぶっ壊すぞと言っ

「アメリカを健康な国に！」
RFKは宣言

てます」「覚悟を決めてる」（『あつまれ、ニュースの森』）

弁護士として発がん除草剤〝グリホサート〟被害の訴訟で、初の勝訴を勝ち取っている。

アメリカ国民の生命と健康を守る。その熱意と正義感で彼の右に出る者はいない。

＊ファウチ弾劾、健康の回復

だから彼はコロナ偽パンデミックも、猛毒の殺人ワクチンも絶対に許さない。

その陰謀の最大黒幕アンソニー・ファウチに対して決定的な告発本も執筆している。

彼がアメリカ公衆衛生の責任者に就任すれば、一切、追撃の手を緩めることはない。

「ワクチンの悲劇は、二度と起こさせない」。その決意は堅い。

彼はすでにトランプからCDC長官への就任要請を受けている。

「……トランプ大統領はわたしに三つのことを要求しました」

（1）「政府の保健機関の腐敗を一掃」

つまりアンソニー・ファウチを含めたコロナ・パンデミック時の製薬会社を含めた〝極悪犯罪〟を徹底的に追及する。

（2）「科学的な証拠に基づく保健行政」

「これら機関をゴールド・スタンダード（黄金律）の証拠に基づいた豊かな伝統にもどす」つまりアメリカの保健衛生を科学的証拠（エビデンス）に基づく行政にもどす。

（3）「慢性疾患の蔓延を終わらせる」

「アメリカを再び健康な国にする。私がもっとも懸念しているのは、子どもたちのことだ。その慢性疾患を撲滅する」（同氏）

トランプはかれに深い信頼を寄せている。

「……最近トランプ氏と二日間過ごした。次期大統領は私にとって衝撃的な発言をした。『われわれの政府に望んでいる〝変化〟は前例のないものになる』」

ケネディ氏は力強く断言する。

「……革命が起こる……いや、トランプ氏は必ず『起こす』」

今やトランプ政権ナンバー2、イーロン・マスク

＊逮捕も覚悟し全面支持

もう、ひとり——。イーロン・マスクがいる。

今や彼は政権のナンバー2と言ってよい。

トランプ圧勝の立て役者。彼は七月八日、ペンシルベニア州でのトランプ銃撃が暗殺未遂で終わった直後、だれよりも早くトランプ全面支持を表明した。

その後のトランプ遊説（ラリー）への献身的な応援はだれもが知っている。その分、ＤＳ側からの圧力、攻撃も酷かった。

「……『Xを閉鎖する』よう、どれほど圧力がありましたか？」

投票日前、タッカー・カールソンの番組でインタビューに答えている。

「……複数の民主党員がこう発言していました。『私の会社から政府との契約を剥奪した』『私の会社を国有化すべきだ』『私を不法移民として国外追放したい』『プーチンの親友だから逮捕したい』……そんなこと言っていた」

さらにイーロンはこう続ける。

「……もしトランプが負けたら、ぼくは逮捕されるだろうね。刑務所に行くことになるだろう。家族に会えなくなるのは寂しいね」

そして彼はこう語る。

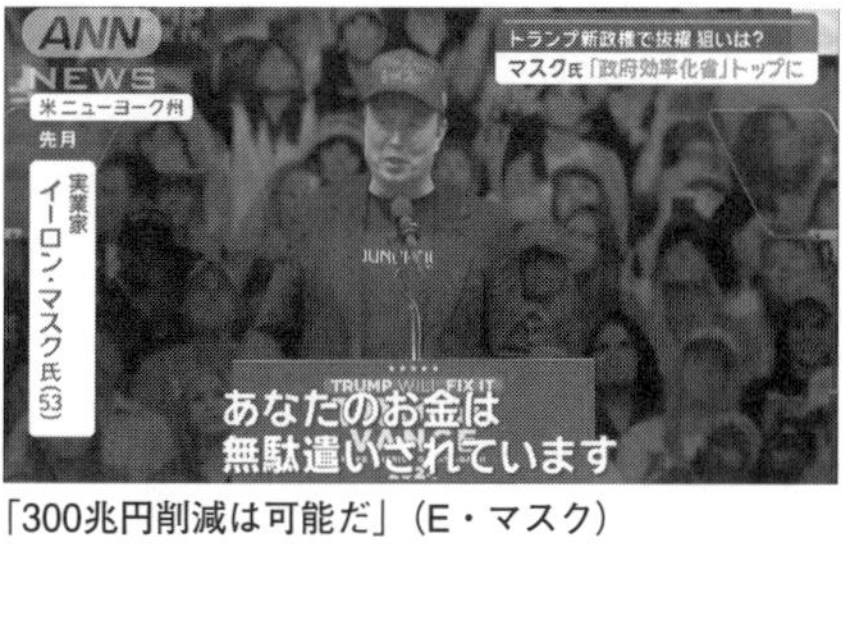

「300兆円削減は可能だ」（E・マスク）

「……それだけ覚悟の上でトランプにオール・イン（全面支持）したんだ」

ディープステート解体！「一〇大計画」で世界は変わる

＊人類史における最大変革

彼はトランプ選挙活動に私財から約二八〇億円もの献金を行っている。遊説ラリーに駆け付け、その力強い応援演説はトランプを圧倒的勝利への〝アクセル〟となった。そして――。トランプ完全勝利。当選祝賀パーティでは、イーロンは勢揃いしたトランプ一族の記念写真にも収まっている（124ページ）。それ以来、トランプはどこに行くにもイーロン・マスクと一心同体。その信頼の深さがうかがえる。

マスクは、トランプ新政権の閣僚選びにも積極的にアドバイスしている。

「……選挙で選ばれてもいない違憲の連邦官僚たちは、今は大統領より、業界より、司法よりも大きな権限を持っています。これこそ、変える必要があります」

トランプ革命の骨子《こつし》は「ＤＳ解体、一〇大計画」だ。

その力強い演説は気迫と決意に満ちていた。

それはワシントンD.C.の沼のワニたちを一掃するだけではない。
アメリカ建国以来の革命となる。
〝闇〟の支配から〝光〟の未来へ――。
いや、二〇〇〇年に及ぶ人類史において、最大の変革になるかもしれない。
――まずは、その不退転の演説に、耳を傾けよう。

……ディープステートを解体し、ワシントンの腐敗から民主主義を取り戻すための私の計画は、こうだ。

(1) 不正官僚を一掃

私が出した二〇二〇年大統領令をただちに再発行する。不正な官僚の罷免《ひめん》権限を復活させる。

(2) 武器化省庁撲滅

国家安全保障と情報機関の腐敗した役人を一掃する。
武器化された省庁を完全に見直す。顔の見えない官僚たちが保守派やキリスト教徒、左派の政敵を標的にしたり、迫害することが二度とできないようにする。

「建国以来最大『10大改革』を断行する」

（3）腐敗法廷の全面改革

ＦＩＳＡ（外国情報監視法）法廷を全面的に改革する。これは非常に腐敗している。現在は、裁判官が令状申請でウソをつかれても気にしていないように見える。多くの裁判官がまちがっている、あるいは少なくともわかっていたに違いない申請をたくさん見てきた。彼らは、それについて何もしない。ウソをつかれているのだから……。

（4）機密文書の解除公開

わが国を引き裂いてきたデマや権力の乱用を暴露する。そのために真実和解委員会を設立。そうして国家のスパイ、検閲、腐敗に関するすべての機密文書を解除して公開する。

（5）フェイク・デマ告発

フェイク・ニュースと結託して意図的に虚偽のシナリオを作り、政府と民主主義を破壊しようとする輩《やから》の大規模取締りを開始する。可能であれば刑事告発する。

（6）監察官の独立を保障

すべての監察官事務所を独立させる。彼らが監督する部局から物理的に切り離す。ディープステートの保護者にならないようにする。

（7）独立監査システム確立

監査システムの創設を議会に要請する。議会は情報機関が市民をスパイしていないか？

米国民に対する偽情報キャンペーンを展開していないか？　あるいは私の選挙キャンペーンをスパイしたように……だれかの選挙キャンペーンをスパイしていないか？

継続的に監視する独立監査システムを確立する。

（8）役人一〇万人大移動

トランプ政権が開始した広大な連邦官僚機構の一部を〝ワシントンの沼地〟から外に移す取り組みを継続する。私が土地監理局をコロラド州に移転したように一〇万人もの政府の役職を即座にワシントンから愛国者たちが集まる地域に移転させる。

かれらは本当にアメリカを愛している。

（9）企業への「天下り」禁止

連邦官僚の取引先企業への就職（天下り）を禁止する。このような公の場での行為は許されない。しかし大手製薬会社では、このようなことは日常茶飯事だ。

（10）議会議員の任期制限

連邦議会議員の任期制限を課する。そのため憲法の改正を推進する。

――以上が私がディープステートを打ち砕き、国民による国民のための政府を回復する方法である（ドナルド・トランプ）。

――まさに圧倒的な演説だった。

アメリカ建国以来の一大革命は、こうしてスタートした。

フェイク・メディアも偽情報も絶対に許さない

＊表現の自由を守る

トランプが演説で強調したのは以下の点だ。

「……市民の表現の自由を侵害してきた者を取り締まる」

つまりテレビ、新聞などの「マスゴミを徹底的に追及する」。

初日には以下の大統領令に署名する。

「……市民の合法的な表現を抑えたり、制限したりする目的で企業や団体と共謀する行為を一切禁止する」

「……政府機関と大手メディアが組織的に検閲と情報抑制にかかわってきた」（トランプ）

こうしてメディアの腐敗が社会の腐敗を生んだのだ。これは日本もまったく同じ。

トランプは力強く宣言した。

「……表現の自由を奪う行為に荷担した者を見つけ出し、取り締まる」

これにはウソ情報を垂れ流してきたCNN、CBSなどTVメディアや、NYタイムズ、ワシントンポストなども首すじが涼しくなってきたのではないか。

トランプは糾弾する。

「……ディープステートと結託する勢力や左翼活動家、シリコンバレーの大企業が手を組んで裁判や選挙、医療など国民にとって重要な情報の流通を抑制してきた」

「このような権力構造を崩さなければならない」

これまでバイデン政府はインターネット上で情報に〝誤情報〟とラベルを付けたり、投稿削除やアカウント凍結をしてきた。トランプは「これらも排除する」と表明している。

大統領就任まで何が起こっても不思議はない。

選挙で大敗した悪魔勢力が、このまま諦めるとは思えない。

〝やつら〟に残された最後の手段は〝暗殺〟だ……。

その危機は大統領就任後も続くだろう。

われわれは、その企みを防ぐために、ありとあらゆる手をつくさなくてはならない。

裏切ったCIAとFBIは徹底的に叩き潰す

＊CIAは元々〝敵〟だった

「……選挙で選ばれていない官僚たちがアメリカを支配している」

イーロン・マスクの指摘は正しい。そして、これら官僚たちを裏で支配してきたのがディープステートなのだ。そこにはアメとムチが巧妙に使われてきた。

アメとは賄賂であり、ムチとは恫喝《どうかつ》だ。こうしてアメリカ中の役人たちは腐敗していった。正義と法律の砦であるべき司法ですら、中枢から腐っていった。

DS解体「一〇大改革」で、もっとも興味を引くのは情報機関へのトランプの懲罰だ。

思い出してほしい。二〇二〇年不正選挙でドミニオンのサーバー基地を守っていたのがCIAなのだ。ジーナ・ハスペルCIA長官がフランクフルト秘密基地で証拠隠滅の陣頭指揮をとっていた驚愕事実を忘れてはならない。

つまりCIAは完全にトランプ政権の敵側だった。それはFBIも同じだ。

いずれもワシントンD.C.の沼のワニたちだった。

ＣＩＡとＦＢＩは一貫してディープステート闇側の秘密組織だったのだ。

それを証明する決定的な出来事がある。

＊ハンター・パソコン事件

二〇二〇年大統領選挙の最中にハプニングが起こった。

バイデンの次男であるハンター・バイデンのパソコン事件だ。この次男は素行の悪さで有名だった。彼はバイデンがオバマの副大統領時代に父親の権威をカサに着て、ウクライナの巨大エネルギー企業重役に就任。法外な収入を得ている。その一部がバイデンに〝ワイロ〟として還流している。ハンターは、これら一部始終を記録したハンターのノートパソコンが修理業者に持ち込まれていた。ハンターは「水に落として故障した」という。

しかし預かり期限が過ぎても引取りに来ない。業者はパソコンの中身を確認して仰天する。

それがバイデンの息子ハンターの所有と知る。加えて未成年の少女などとの淫らな行為が大量に記録されていた。恐怖を感じた業者は、それをＦＢＩに提出。さらにトランプ側のジュリアーノ弁護士にも情報は伝わった。

このハンター・パソコンスキャンダルは『ニューヨーク・ポスト』紙により大々的にスクープ報道された。

それはバイデン親子の犯罪を証明する物的証拠だったのだ。

トランプ側は、この決定的証拠によりバイデン父子の犯罪を指摘した。

＊元ＣＩＡ高官五一名〝偽証言〟

すると――。

これに対して元ＣＩＡなど元諜報機関の高官ら五一名が連名で「書簡」を発表した。

その内容は「ハンター・バイデンのノートパソコン情報は典型的なロシアのスパイ工作であり、捏造されたものである」というものだった。

元情報当局者が五一名も公開書簡で「ロシアの工作」と声明を出したのだ。

こうしてハンター犯罪を証明するラップトップ内容の信憑性は、真っ向から否定されたかたちとなった。ぎゃくに世間からはロシアの〝工作〟とされるパソコンに疑いをかける共和党側に疑念が向けられた。当然、共和党は「この元ＣＩＡ高官らの書簡はバイデン陣営の工作の一部である」と反論したが、まさに水掛け論……。

そうこうしているうちにバイデンは圧倒的な選挙不正で、大統領の座をトランプから盗み取った。結局、ハンターパソコン醜聞はうやむや……にされてしまった。

しかし――。二〇二三年、徹底した科学操作でＰＣデータを解析した結果が判明した。

結論は「パソコン情報は、スパイ工作ではなく本物である」。

つまり元CIA高官五一名もの「書簡」は〝虚偽証言〟だった……。

こうして本来、アメリカの国益を守るための情報機関の正体がばれた。

CIAが完全に悪魔勢力の〝私有物〟と化していることが証明されたのだ。

それはFBIも同じ。パソコンが持ち込まれ、ハンターの驚愕犯罪が判明しているにもかかわらず、FBIは一切、捜査も行わなかった。やはりFBIもまた悪魔の掌中に墜ちていたのだ。

トランプは、これらCIA元高官らを決して許さない。

それは偽証罪にとどまらない。在任中までさかのぼり、収賄、汚職などで徹底的な責任追及はまぬがれない。FBI関係者にも同じ捜査と訴追が下されるだろう。

「FBI長官クリストファー・レイはトランプ政権の初日にクビになる」

これは、もはや決定的だ。クビだけではない。即座に逮捕されてDS側に立った不正犯罪、背任罪などが追及されるはずだ。そして、彼は任期終了を待たず辞任した。

「……ペンタゴン（米国防総省）当局者、トランプ氏の物議を醸す命令に備え、対応を協議……」

これはCNN配信ニュース。世界最強の軍隊がトランプ新政権に戦々恐々としている。

取材にたいして国防当局者はこう答えている。

「……われわれは全員、最悪のシナリオに備えて準備を進めている。ただ、どういう展開が待っているのか、まだわからないのが実情だ」

「教育省を廃止」「〝ウソ〟を教える大学は処罰する」

＊大学が過激思想の巣窟に

トランプ革命の一つが教育改革だ。

トランプは「教育省を廃止する」と宣言している。

日本でいえば「文科省を廃止する」くらい過激な発言だ。

彼は現在のアメリカ教育はディープステートにより最悪レベルに陥っているという。

以下――。彼の教育改革への熱い演説だ。

「……急進左派の教育機関から、かつて偉大だったものを取り戻すときが来ました。われわれは、それを実行します。われわれの秘密兵器は大学の〝認定システム〟です。〝認定〟と呼ばれるのには訳があります。〝認定機関〟は次の目的のためにあるのです。それは『学校が学生や納税者を騙さない』ように存在するのです」

これは日本でいう大学の〝許認可〟制度だ。

大学を設立、運営するためには、管轄の文科省から許認可を得る必要がある。

トランプは、この認可システムがアメリカでは完全に失敗しているという。

「……現在この〝認定システム〟は完全に破綻しています。過激な左派の〝認定機関〟によって、大学がマルクス主義的な過激思想を持つ人々に支配されてしまっている。私がホワイトハウスに戻ったら、そのような〝認定機関〟のメンバーを解任するつもりです。その後、再び大学に真の基準を課す新しい〝認定機関〟の申請を受け付ける。アメリカの伝統を守る基準には、これらのことが含まれます」

＊西洋文明と言論自由を守る

左翼マルキシズムの『資本論』を読むと「頭脳労働を評価せず」「精神性を否定」「暴力革命を肯定」など欠陥だらけの危険な理論だ。

トランプは、それを「〝ウソ〟を教える教育」と断罪している。

それなら大学では、何を教え、何を守るのだろう？

「……西洋文明と言論の自由を守ることです」

彼は大学運営の改善も〝認定機関〟の役割の一つだという。

「……コストを大幅に押し上げる管理職の無駄を排除する」

「マルクス主義、多様性、包括性の官僚をすべて排除する」

これは昨今問題視されているLGBT、ポリコレ、DEI……などの行き過ぎた風潮を指す。

女子スポーツに元男子が参加して優勝をかっさらう……などが、それに相当する。

女子トイレや浴場に〝DNA的男性〟が〝女子〟として入ってくるのも、いかがなものか……。

トランプは、これら異様な事態をすべて常識ある状態に戻す――と公約している。

大学教育改革も、その一環なのだ。

〝認定システム〟改善で大学を健全化する

＊支払った費用に見合う教育

トランプ大学改革はそれだけではない。

学生にとって経済的負担ができるだけ少なく学位が取れるように（認可システムを）改善する。

つまり――。

「……加速された低コストの学位取得オプションを提供する」

「実質的な就職とキャリアサービスを提供する」

アメリカの大学生はインフレ状態の学費の支払いに困窮している。

さらに言えば卒業しても高額の学資ローンの支払いがのしかかる。

そんな大学で高い学費を払って〝ウソ〟を教えられてはかなわない。

「……学生が実際に学び、支払った費用に見合う価値を得ていることを証明する。そのために、大学入試や卒業試験の実施が含まれる」（トランプ）

つまり入試や卒業試験の内容も新しい〝認定システム〟の対象になる。

＊訴訟、課税、罰金のペナルティ

健全化の〝認定基準〟に従わない大学には、ペナルティが科せられる。

それは訴訟や課税、罰金などの措置である。

「……さらに私は司法省に対して、過激な差別や公平性の名の下に明白に違法な差別を続ける学校に対して、連邦公民権訴訟を起こすよう指示する。明示的に固執する学校は寄付金に課税されるだけでない。予算調整によっても処罰される。私は、学校が寄付金全額に相当する額まで罰金を科せられる措置を進める。その一部は、違法で不公平な政策の犠牲者への賠償金として使用されるだろう」

「……（左派による）さまざまな政策は、わが国に大きな損害をもたらしてきた。大学は、勤勉な納税者から何千億ドルもの資金を得ている。そして今、私たちはこの反米的な無分別を完全に教育機関から排除する。私たちはアメリカに真の教育を取り戻す」

＊〝洗脳〟〝扇動〟される人々

――以上がトランプ教育改革のあらましだ。

「これは教育の自由への侵害だ」と思う人もいるかもしれない。

しかし、なんでも自由……!? リベラルの名の下にアメリカ社会が崩壊の淵にあるのも事実だ。ＬＧＢＴ、ポリコレ、ＤＥＩ……など「差別をなくす」といううたい文句で破壊と腐敗をくり返す。その行き着く先は全体主義からＮＷＯ（ニュー・ワールド・オーダー＝新世界秩序）の家畜社会に誘導されている……ことに気づくべきだ。

バイデン政権下ではワクチンを拒否する自由も、ＳＮＳの言論の自由すらなかったのだ。

これがディープステートの支配する社会の恐ろしい現実なのだ。

不思議なのは、リベラルや左派や差別反対を名乗る人々が一切、〝イルミナティ〟〝フリーメイソン〟ディープステートなどのキーワードを口にしないことだ。

これはかれらが〝闇の勢力〟に完全に〝洗脳〟され、〝扇動〟されているからだ。

〝かれら〟の無知、無関心こそがそのことの決定的な証拠といえる。

日本のマスゴミで働く人々や体制内の〝知識人〟は胸に手を当てて自問してみるときである。

〝騙されている〟のは、いったいどちらなのか……？

「フリー・スクール」推進、「全国共通試験」廃止

＊さまざまな教育問題

アメリカは大学以外にも、さまざまな教育問題を抱えている。

これらにトランプは具体的な改革・推進プランも提示している。

（1）「学校選択」を推進

「学校選択」を進める政策として、教育庁予算の三分の一に相当する二〇〇億ドルを充当する。

「選択」とは生徒、学生にベストの教育機関を選択させることだ。

（2）「教育ローン」返済対策

教育ローン返済に苦しむ、大学や大学院を卒業した若者たちを救済、援助する施策を講じる。

（3）「チャーター・スクール」

これは日本でいうフリー・スクールである。保護者、教師、地域住民などが独自カリキュラムなど独自の学校運営を掲げ、州・学校区の認可を得ている。

運営費は州から支給され、達成目標の審査もある。

トランプは「学校選択」に関する演説でチャーター・スクールの推進をうたっている。

(4)「教育クーポン券」

私立学校への転校支援策である。教育バウチャー（クーポン券）の配付を拡大する。

(5)「共通試験」廃止

数学と英語で行う「全国統一学習到達テスト」の廃止を演説で公言している。

世界トップと称えられるフィンランドでは、とっくの昔に全国共通テストを廃止している。

＊〝洗脳〟教育を改善せよ

――以上。トランプは事細かに教育対策に触れている。しかし不満も残る。

それは大学や大学院を卒業した若者にのしかかっている教育ローンの過酷さだ。

金利上昇で若い世代はローン返済地獄に陥っている。

トランプはこの現状に触れてはいるが、具体的な救済策は示していない。

それと大学授業料の高額化は医療費とならんで、社会問題だと思える。

われわれが後進国と思い込んでいたアラブ産油国では、大学どころか教育無償があたりまえなのだ。教育の機会均等のためには、この議論をさけて通れない。

トランプ演説では、教育内容が左派過激勢力に支配されていると指摘している。

しかし、その内容について追及が不十分だ。

大学医学部で今日も教えられているのは二〇〇〇年も昔のウィルヒョウ医学、フォイト栄養学……といったありさま。教育自体が実はディープステートの〝洗脳〟装置なのだ。

トランプ新政権は、これら内容の徹底チェックと改善が急務だ。

第5章

イーロン・マスク、ロバート・ケネディ・ジュニア参加で真の革命へ！
――政府四分の三をカット、コロナ・ワクチン殺人で大量逮捕

政府効率化省〝DOGE〟でアメリカを立て直す

＊マスク起用に世界も驚く

二〇二四年一一月六日、フロリダ州でのトランプ祝勝集会。観衆の熱狂は最高潮を迎える。壇上で勝利宣言のトランプは満面の笑みで伝える。

「……新しいスターが誕生した。イーロンだ!!」

観客から興奮と熱狂の嵐が巻き起こる。

「……『君のことが好きだ、イーロン』と伝えたよ」

それからトランプは、なんと四分間も饒舌《じょうぜつ》にこの天才に向けて称賛と信頼を語り続けた。

トランプの感謝も無理はない。イーロン・マスクは一億八〇〇〇万ドル（約二八〇億円）の選挙資金をトランプ陣営に寄付。さらに多忙を顧みず、トランプ選挙ラリーに駆け付けている。

ペンシルベニア州では、トランプと壇上でがっしりと握手。互いへのリスペクトが伝わってくる。トランプ一族の祝勝記念写真にも連なり、もはやトランプ・ファミリーの一員だ。

ニューヨーク州、トランプ選挙遊説。

「……すごい未来がやってくるぞ！」

イーロン・マスクは、壇上、両手を高々と掲げて叫んだ。

若々しい出で立ち。〝MAGA〟ロゴ入り野球帽。とても五三歳とは思えない若さのオーラが全身から放たれている。

「……あなたのお金は無駄づかいされています」

笑顔で満員の観客に指差す。

「……政府効率化省はそれを解決します！」

高らかに宣言し、自信満々の笑み……。

トランプ大統領の目玉政策の一つが政府効率化省の新設だ。

そして、なんとそのトップにイーロン・マスクを起用……！　これには世界中が驚いた。

＊〝DOGE〟を率いる覚悟

これは突然の決定ではない。トランプとイーロンの間で周到な準備がなされていたのは、まちがいない。

イーロンは意味ありげな画像をSNS〝X〟に投稿している。

いかにもSF映画ターミネーターを思わせるカッコ良さ。

ここで明示される〝DOGE〟とは一体なんだろう？

それはDepartment of Government Efficiencyの略。邦訳すれば——政府効率化省——となる。

トランプは「政府効率化省をイーロン・マスク氏が率いる」と公表。

その目的は「過剰な規制と無駄な支出削減」だ。

「……それにより連邦政府を再建する道筋を整える」（トランプ）

マスク起用の狙いをANN外報部、中丸徹デスクは「ビジネスマンとしての力量に期待したことが大きい」と指摘する。

「イーロンかっこいい！」"DOGE" 開始

「ツイッターをX社にしたときも他の企業経営のときも〝コストカッター〟で知られています」

＊地位・名誉・報酬はお断り

その辣腕《らつわん》ぶりは、スゴイ。X（旧ツイッター）を六兆六千億円で買収したとき、その日のうちに全世界CEOを全員解雇。翌日には従業員の四分の三を解雇した。まさに電光石火……。日本の経営者には逆立ちしても無理だろう。さらに企業家としても卓越している。

〝スペースX〟での再利用可能なロケット〝スターシップ〟の開発や、〝テスラ〟の人型ロボット〝オプティマス〟の発明……などなど。その天才的手腕と実績はあげていたらキリがない。

これほどの天才企業家は世界に二人といない。

まさにトランプ政権は、得難い人材を得たものだ。

そしてトランプがイーロンに「政府効率化省」への協力を打診したときのエピソード。

天才企業家はすぐに応じた。

「……喜んで国家のために尽くしたい。ただし一切の地位・名誉・報酬はお断りします」

まあ、世界一の金持ちだから……と、言ってしまえば、それまでだが……カッコいい。

「少なくとも二兆ドル（三〇〇兆円）は削減できる」

＊二人のコストカッター登場

ニューヨーク州、選挙ラリーに参加したマスクは明解に言ってのけた。

「……少なくとも二兆ドル（約三〇〇兆円）は削減できる」

これには、壇上でたずねたほうも思わず右手をあげてガッツポーズ。

つまり政府効率化省トップになったら「連邦政府の年間予算から三〇〇兆円以上を削減可能」と明言したのだ。これには無駄メシ食いの役人たちは震え上がったのではないか。

「……行政の無駄を排除していく。日本で言うと事業仕分けみたいなことをしていくのではないか」（中丸氏）

世界一の富豪はアメリカ財政立て直しに、どんな手腕をみせるのか？

世界中の注目が集まっている。そして、二〇二四年一一月一六日その戦略が見えてきた。

なにせ、この政府効率化省なるもの、従来の米国政府には存在していない。

つまり前例も実績もない。だから具体的には雲をつかむようなイメージしかない。

この〝ＤＯＧＥ〟責任者には、もう一人選ばれている。トランプが指名したのは、やはり億万長者で元共和党の大統領候補でもあったビベック・ラマスワミ氏。

ここに、二人の強力コストカッターが登場した。

＊①官僚の解体②規制の削減

「……この億万長者二人が率いる委員会は正式な政府機関ではなく、『政府外部からの助言と指導を提供する』諮問委員会である」とトランプは述べている。

その根拠となる法律は一九七二年の連邦諮問委員会法（ＦＡＣＡ）に基づく。

同法で大統領は官民の参加者で構成される委員会から意見を求めることが認められている。

委員会の主な目的は、『①政府の官僚機構の解体、②過剰な規制の削減、③無駄な支出の削減、④連邦機関の再編』だ。

「……ホワイトハウスや行政管理予算局（ＯＭＢ）を通じて大規模な構造改革を実施する」（トランプ）

次期大統領は、「委員会の活動は二〇二六年七月四日に終わる予定」としている。

それは米国の独立宣言から二五〇年の節目となるからだ。

しかしマスクは三日に自身のＳＮＳ〝Ｘ〟で「もっと早く終わらせる」と投稿している。

つまり「短期決戦」「短期決着」を目指している。

米国史上例のない行政組織なので、その権限などのイメージは想像しにくい。

政府機関四分の三をなくし〝小さな政府〟にする

＊連邦機関の約七五％削減

委員会自体の予算や人員も、いまだ未定の状態だ。

しかし、すでにラマスワミ氏は一一月一三日、「大規模な人員削減」を呼びかけている。

マスクも「米国の連邦機関の約七五％削減」を支持している。

政府機関の四分の三は廃止する。つまり消え失せる。これほどの〝大ナタ〟はあるまい。

もともと共和党は〝小さな政府〟が党是だ。アメリカは〝双子の赤字〟に苦しんでいる。

政府の財政赤字と経済の貿易赤字だ。前者を解決するには政府の大幅な支出削減しかない。

トランプはコストカット〝大ナタ〟を振るう役割を民間から招いた二人の経営者に任せたのだ。

これを耳にした連邦職員は卒倒するかもしれない。ただし大規模な予算変更には、議会の承認が必要となる。この事実を押えておきたい。つまり二人のコストカッターの意思どおりにすべてが決まり、動くわけではない。

しかし後ろ盾にトランプがいる。大上段からの人員と予算の削減は避けては通れない。さらにマスクとラマスワミ両氏は連邦職員の在宅勤務制度を廃止し、週五日の出勤を義務づける考えを示している。ぬくぬくと民主党政府に守られてきた役人たちにとって、冬の時代が到来することだけはまちがいない。

＊複数年の退職金を保証

作業は着々と進行している。すでに一一月一三日、新政権発足を待たずに委員会〝ＤＯＧＥ〟の公式アカウント（@ＤＯＧＥ）が開設された。

最初の投稿は――皆さんの税金が賢く使われますよう、残業して取り組んでます！――。

ちなみに〝ＤＯＧＥ〟という名称はマスクの発案。彼が支持する仮想通貨〝ドージコイン〟からとった。「……政府機関を縮小し、議会が承認した業務のみに専念させる」とマスクはポッドキャスト〝ジョン・ローガン・エクスペリエンス〟に出演して語っている。

人員削減される政府職員には「複数年分の給与を退職金として支給すれば、余裕で次の仕事を得られるはず」と語っている。マスクは血も涙もない経営者ではない。

しかし〝ＤＯＧＥ〟が行うのは、史上空前の大リストラであることに変わりはない。

彼は、最後にこう付け足す。

「……政府が支出を削減しなければ、この国は終わりです」

マスクはさらに強調する。

「……メディケア（医療）の不正を撲滅する」「公有地売却を拡大させる」

ラマスワミは主張する。

「……連邦政府の複数の特定機関が完全廃止される」「肥大化した組織、人員は削減される」

トランプ大統領にも〝大ナタ〟は委ねられている。

大統領には「執行留保」権限がある。議会可決の予算執行でも大統領が「留保」すれば執行されなくなる。つまり大統領も議会の承認なしで、大幅な歳出削減が可能なのだ。

マスクはすでに政権ナンバー2、アメリカの未来を変える男

＊外交に同席、人事に助言

トランプはマスクを観衆に紹介するとき、延々と、その功績を称え絶賛した。

それだけ絶大な信頼をおいている。トランプ・ファミリーの写真にも家族以外でただ一人加

わっている。トランプの孫娘ともツー・ショット。「彼はもう、私たちの叔父さんよ」。

トランプは、マスクを政権運営の有能アドバイザーと認めている。

だからウクライナのゼレンスキー大統領やトルコのエルドアン大統領との電話会談にも同席させている。また別名〝アルゼンチンのトランプ〟と呼ばれ、熱烈なトランプ支持者であるアルゼンチンのミレイ大統領との直接会談にもマスクは席を連ねている。

加えて財務長官の人事にも積極的にアドバイスしている。

それに耳を傾けるトランプ。それだけ二人の信頼関係と絆《きずな》は深い。

＊刑務所覚悟の選挙応援

イーロンはいつもニコニコしている。柔和な笑顔に邪心はない。

心底、アメリカを愛し、アメリカの将来を憂《うれ》えている。

彼はテスラ、スペースX両社のCEOでもある。「週に八〇時間働く」ことで有名だ。

世界で一番多忙なCEOであることは、まちがいない。

そんな彼が、さらに政府効率化省〝DOGE〟の重責を引き受けた。

それ以前に超多忙な日々の時間を割いて、トランプの選挙ラリーの壇上で応援を訴えている。

その動機も語っている。「アメリカは、このままでは全体主義（ファシズム）に支配される」

さらに選挙演説で呼び掛けている。

「……これが最後の大統領選挙になるかもしれない」

つまりトランプが負けたら、アメリカの民主主義は永遠に死ぬ……。

一億八〇〇〇万ドルという多額の寄付もトランプを救うというより、ア、メ、リ、カ、を救うためだった……。

トランプとマスクがアメリカを立て直す

＊利益相反VS.〝利益妨害〟

この身を投げ出すような献身が、トランプ勝利に大いに貢献したことはまちがいない。

トランプのマスクに対する賛辞と感謝は心底のものだ。

しかし一部には、トランプのマスク重用を快く思わない向きが存在することも事実だ。

彼らはマスク批判に開口一番、利益相反の問題を上げる。

「……イーロン・マスクは〝DOGE〟などの政策を通じて、自らの企業に有利になるような政策を進めるのではないか？」

しかし、わたしは彼の高潔さを信じる。

自身の利益相反のため政策を誘導することは、よしとしないだろう。

しかし批判者の立場から見れば、その兆候はすでに見られる。

たとえば自動車の完全自動運転（ＦＳＤ方式）の採用について。トランプは、自動運転導入に前向きだ。しかし、それはマスクの企業に利益相反をもたらすためではない。

アメリカ自動車業界が国際競争力を得るために不可欠な選択と確信しているからだ。

それが最終的にテスラに利益をもたらすにせよ、それは結果論にすぎない。

＊二人の関係は是々非々……

トランプが、ただマスクに有利な政策を進めるわけではない。

その一例がＥＶ補助金の廃止だ。バイデン政権が行ってきたＥＶ優遇制度は廃止する。

それはマスクの所有するテスラの利益に忖度《そんたく》していないことの証しだ。

またイーロンの持論は脱化石燃料だ。

自然エネルギーによる持続可能な地球社会を創る。それが彼の企業哲学でもある。

それに対してトランプはアメリカが復活するため訴えてきた。

〝ドリル！　ベイビィ、ドリル！〟――石油を掘って掘りまくれ！

「アメリカ経済の復活には、まず国内石油やシェールガスを増産しろ！」

これはイーロン・マスクが描く持続可能社会とは真逆だ。しかしトランプは米国経済立て直しを優先する。地球温暖化防止のパリ協定からも脱退する。米大統領として当然の選択だ。

だからマスクとトランプの関係は是々非々……である。

そして互いに補完しあいながら、アメリカを立て直していくだろう。

＊バイデン政権はマスク攻撃

ただしディープステートが支配してきたバイデン政権は、徹底したテスラ潰しを謀ってきた。

ＥＶ関連企業の催しにもテスラだけ排除するなど、子どもレベルの嫌がらせをしてきた。

自動運転ＥＶの認可台数も限定してきた。いずれも「テスラ憎し」「テスラ外し」が露骨な政策だった。はやく言えばディープステートの〝テスラいじめ〟だ。

それだけディープステートの〝テスラ嫌い〟は徹底していた。

その証拠の一つがカリフォルニア州の〝テスラ外し〟だ。トランプ政権がＥＶ補助金の打ち切りを表明。すると民主党のカリフォルニア州知事は「カリフォルニア州は独自のＥＶ補助を継続する」と表明。そして、こう付け足した。

「テスラは対象外」。その理由は「多く売れているＥＶは対象外とする」。

まるで意味不明。これをロコツな〝いやがらせ〟という。

利益相反の逆バージョン。これぞ悪意のある〝利益妨害〟だ。

バイデン政権下ではイーロンに対して、このような妨害の嵐だった。

たとえば米紙『ニューヨークタイムズ』によると、マスクの企業は少なくとも二〇の連邦規制当局の〝標的〟になっているという。

つまりバイデン政権下でテスラは悪質で露骨な企業妨害のターゲットとされてきた。

マスクと蜜月関係にあるトランプ政権は、さすがにこのような妨害は行わないはず。

それは〝利益妨害〟の停止であって利益相反ではない。

GDP一・七％減は経済復活のジャンプボード

＊〝大ナタ〟の犠牲は？

ただし――。予算カット。組織削減。この〝大ナタ〟の犠牲は避けられない。

エコノミスト木内登英氏は、マスク改革について以下のように解説している。

「――問題は連邦予算の大幅削減がもたらす経済への悪影響である。トランプ氏は〝DOGE〟

の役割について『われわれは年間六兆五〇〇〇億ドルの政府支出全体に存在する膨大な無駄と不正を排除する』と説明している。他方、マスク氏は『年間五〇〇〇億ドルの無駄な予算の削減』を計画している。これが実現される場合、その規模は年間名目GDPの一・七%にもたっする計算だ。米国経済を相当悪化させる可能性があるだろう」(『GlobalEconomy&PolicyInsight』)

まさに、これこそ〝改革の痛み〟だ。

＊既得権から〝未来権〟へ——

これまでの政権は〝麻薬注射〟を打ち続けて、その〝痛み〟をごまかしてきたにすぎない。

政府が組織と歳出をカットすれば、一時的に需要が減って経済が縮少する。

それはあたりまえのことだ。政府に頼らない経済と企業システムを構築していけばよい。

GDP一・七%減は、アメリカ経済復活のジャンプボードなのだ。

テスラは常にこの新しい市場創造にチャレンジし続け、ここまで成長したのだ。

……〝EV〟、〝メガパック〟、〝オプティマス〟、〝スターリンク〟、〝スペースX〟……。

これら産業は、すべて〝無〟から創造されたのだ。

既成の権益にしがみついていたら、このような発想は一ミリも生まれない。

既得権から未来権へ——。

トランプは、このイーロンの発想力にアメリカの〝未来〟を見たのだ。

〝痛み〟を感じるのは甘い汁を吸う悪魔勢力だ

＊明と暗〝トランプ・トレード〟

トランプ新政権が掲げる「大量の人員削減」の主な対象となる組織は、①国防総省、②教育部門、③食品医薬品局など。ただし削減は軍事、教育、医療……三部門だけにとどまらない。政府機関のすべてが〝カット〟の対象となりうる。

「……ただし大幅な予算削減は議会で容易に承認されない可能性がある。一九七四年に制定された『議会予算・執行留保規制法』は、議会が撤回を決定しない限り『大統領は割り当てられた予算を執行しなければならない』と定めている。他方、大統領が執行を留保する規定もある」（木内氏）

最後の規定を執行すれば、大統領の歳出削減という〝裏技〟も可能なのだ。

トランプは〝トレード〟（取引）という言葉を好む。

まさにビジネスマンらしい。トランプ圧勝でドル高が進んだ。彼が掲げる「減税策」「規制緩和」が経済に好影響をもたらすと市場が好感したためだ。

なぜなら「減税策」は財政赤字を拡大させ、長期金利を押し上げる。同様に「追加関税」導入は国内インフレリスクを高め、長期金利を押し上げる。これらの期待が、この〝トランプ・トレード〟の結果をもたらした。

＊〝シートベルト〟を締めて

しかし――。光があれば闇もある。希望があれば不安もある。

大規模な追加関税や〝DOGE〟の大規模な政府支出削減で、経済が低迷する恐れも出てくる。これらリスク要因が認識されると、景気悪化が懸念され、一気に株が売られて株価は急落する。さらに金融緩和の憶測が広がると、為替市場は一変し、ドル安の流れに傾きかねない。

トランプ、マスク、ラマスワミ〝三人衆〟のアメリカ大解剖には当然、痛みも伴う。血も流れる。しかし、そもそも痛みの伴わない改革……いや革命などありえない。

その最大の痛みをこうむるのは、腐敗したバイデン政権などで甘い汁を吸ってきた悪魔勢力なのだ。

いずれにせよ、建国以来の大革命――。波乱万丈であることはまちがいない。

まずは、〝シートベルト〟をしっかり締めて希望と興奮の未来を受け入れよう。

〝メイク・アメリカ・ヘルス・アゲイン！〟

＊反ワクチン闘士が保健福祉長官

トランプはアメリカ人の健康、安全、生命を一人の男に託した。

この一言を添えて――。

〝メイク・アメリカ・ヘルス・アゲイン！〟

二〇二四年一一月一四日、ロバート・ケネディ・ジュニアを「米国保健福祉省（ＨＨＳ）長官に任命する」と公表した。

この官庁は……ＦＤＡ（食品医薬品局）、ＣＤＣ（疾病予防管理センター）、国立衛生研究所……などの機関を所管する。

ケネディ氏はワクチン懐疑論者ではない。真っ向からの反対論者なのだ。彼こそ反ワクの闘士だ。彼の保健福祉省トップ指名は、アメリカどころか世界の医療関係者たちに激震を与えた。

ケネディ氏はＸの投稿で米国民にメッセージを発信している。

「……慢性疾患の撲滅、汚職の一掃、正確なデータ提供に尽力、アメリカを再び健康な国にします」

今後、彼の英断、発言一つで兆円単位の医療利権がまちがいなくフッ飛ぶ。

まずアメリカ国内で医療、薬品、保健、食品、衛生……などの分野で甘い蜜を吸っていた連中は、まさにパニック状態だ。

これまで医療、食品、健康の分野は悪魔たちに食い荒らされてきた。

そこは悪霊と死神の饗宴の場と化していたのだ。

その足下には騙され、命を奪われたおびただしい亡骸《なきがら》が山をなしていた。

しかし――。

一人の闘士出現で狂宴は終焉を迎える。悪魔たちは、そそくさと退場を余儀なくされるのだ。

＊悪魔の民主党から共和党へ

ケネディ氏は、もともと民主党から大統領候補として立候補していた。

しかし民主党から排除され、無所属での立候補を強いられていた。

そして二〇二四年八月、候補を断念、トランプ支持を表明したのである。

かつて熱心な民主党支持者であった彼が、どうして共和党トランプ支持に回ったのか？

その背景には民主党の変質、腐敗、堕落がある。

はやくいえば、民主党は悪魔勢力ディープステートにハイジャックされたのだ。

だから正論と正義をかざすケネディ・ジュニアは追放された。無所属となっても、さまざまな執拗な妨害を受けた。そこで彼は民主党の底無しの悪魔性に気づいた。

そして保守反動と思っていたトランプが、まさに正論と正義の体現者であることを理解したのだ。トランプ支持者の中にも、そのような政治家は多い。

バンス副大統領候補も、かつては「トランプは大嫌いだった」と告白している。

そんな男を副大統領に指名するトランプ。さすがの度量だと感心するしかない。

FDA（食品医薬品局）解体、NIH（国立衛生研究所）縮小

＊許すな！　食品業界と医薬品業界の陰謀

ケネディ氏の公約は以下のとおり。

「……一万八〇〇〇人の職員を抱えるFDA（食品医薬品局）を解体する。NIH（国立衛生研究所）の職員、数百人を交替させる」

彼は、一〇月末には、Xにこう投稿している。

「……ＦＤＡの公衆衛生に対する戦争は、まもなく終わる」。さらに「戦争」には幻覚剤、ペプチド、幹細胞、生乳、日光……などに対する「積極的な抑制」を含む、と付け加えている。

「……あなたが、もし、ＦＤＡで働いていて、この腐敗したシステムの一部であるなら、二つメッセージがある。①記録を保存する。②荷物をまとめる」

まさに彼がＦＤＡ（食品医薬品局）を解体する――という、まぎれもないメッセージである。

さらにケネディ氏は誓う。

「……肥満、糖尿病、自閉症など慢性病の蔓延対策に取り組む。さらに食品に含まれる有害化学物質――汚染物質、農薬、医薬品、食品添加物――を減らし、すべての人々の健康を守る」

彼は弁護士として、長く環境と健康問題に取り組んできた。

ワクチンが自閉症など数多くの健康被害を引き起こすことに警鐘を鳴らしてきた。

トランプは彼を指名した理由を声明で公表している。

「……アメリカはあまりに長い間、公衆衛生について、ごまかしや誤情報、偽情報を流してきた食品業界と製薬会社に苦しめられてきた。ケネディ氏は、慢性疾患がはびこる状況を終わらせて、アメリカを再び偉大で健康な国にするだろう」

＊偽コロナ、ワクチン殺人、超A級戦犯ファウチ

保健行政トップに立つ彼は国民に公約する。

「……すべてのアメリカ人の安全と健康は、どの政権にとってももっとも重要な役割だ。HHS（保健福祉省）は、この国で圧倒的な健康危機の一因となっている有害化学物質、汚染物質、農薬、医薬品、食品添加物から、すべての人々を保護する上で大きな役割を果たすでしょう」

トランプもSNSで、こう強調している。

「……HHSは医薬品規制当局（FDAなど）、CDC（疾病予防センター）、NIH（国立衛生研究所）などの組織を監督している」

これはケネディ氏が「医療健康行政」のトップであることを強調している。

トランプは名指しこそしなかったが、彼の頭の中には一人の人物がいたはずだ。

それがファウチだ。

長い間、アメリカ保健行政の頂点に君臨してきた悪人だ。七代の大統領に仕えたというから、まさに黒幕……。いわば怪僧ラスプーチンのように歴代の大統領を籠絡して、医療、保健、食品などの利権を掌握してきたのだ。

トランプも一次政権のとき、この〝ラスプーチン〟に騙された一人だ。

＊偽パンデミックの悪夢

トランプは、コロナ騒動の当初「チャイナ・ウイルスだ」「中国を許さない！」と机を叩いて吠えた。

その背後でファウチがシレッとした顔で立っている。大統領ですら騙してきた男なのだ。

とにかく、コロナ偽パンデミックで人類は未曾有の被害と悲嘆を被った。

凄まじい出費額と凄まじい犠牲者……。

しかし、ついに世界屈指の反ワク闘士が米保健行政のトップとなった。

ついに悪魔勢力が企んだ大量殺戮ワクチンによる人口削減計画は頓挫した。

これから、始まるのは関係者の大量逮捕だ。超A級戦犯ファウチは、その筆頭だ。

その他、保健官僚、医療関係者、メディア……詐欺と殺戮に荷担した連中の大量逮捕がまちがいなく始まる。その陣頭指揮を執るのがロバート・ケネディ・ジュニア。

ケネディ氏は悪魔ファウチが長年独占してきたトップの座を奪還した。

まさに〝闇〟から〝光〟への移行が実現したのだ。

「ワクチンの安全性と有効性をただちに調査する」

＊企業と対決する姿勢に勇気

調査会社ＫＦＦのＤ・アルトマン社長は「ケネディ氏起用は歴史的快挙！」と絶賛する。

「ＨＨＳ長官は、これまで公衆保健分野で地位と経験のある人物が歴任してきた。しかしケネディ氏は明らかにちがう。主流から外れた見解を持っている。これは革命的な指名だ」

ケネディ指名に支持表明する団体も相次いでいる。

全米地域薬剤師協会は「ケネディ氏の企業と対決する姿勢に勇気づけられた」。

ケネディ氏は、さらにアメリカ国民に警告している。

「フッ化物が骨折やがんに関連している」「水道水への添加をやめるべき」「肥満症治療薬に効果はない」「食事システムを根本改善し対応すべき」「肥満薬を飲むことは、製薬会社を喜ばせるだけ」

人類を〝皆殺し〟にしようとしているワクチン問題にもズバリ斬り込む。

「……ワクチンには大きな欠陥がある。その安全性と有効性をただちに調査する」

＊悪魔側マスゴミと闘いは続く

メディアやマスゴミは一貫して彼に〝陰謀論者〟のレッテルを貼ってきた。

たとえば日本のNHKはトランプ圧勝という事実がありながら、このように報道している。

「……ケネディ氏は小児用ワクチンが自閉症の原因になっていると主張するなど、〝科学的根拠が薄い〟とされる情報をもとに疑問を呈し、反対運動を展開」（国際ニュースナビ）

つまり〝根拠の乏しい〟情報で反対していると、もろにディスっている。

「……今年七月には『新型コロナは特定の人種を攻撃している』などと発言。このほかにも『報道機関はCIA＝中央情報局に操られている』と公言するなど、その発言はしばしば物議をかもし、アメリカメディアからは〝陰謀論者〟とも呼ばれています」（同）

悪意と攻撃が見え見えだ。小児用ワクチンの有害性の証拠は第1章で示したとおりだ。

これを否定できる医学者は皆無だ。悪魔に魂を売ったマスゴミよ、一言でも反論してみよ。

＊〝洗脳〟されたメディア記者

ケネディ氏の厚生行政トップ就任は、全世界に衝撃波として伝わった。

「……トランプ次期大統領が厚生長官にロバート・ケネディ・ジュニア氏を起用すると発表し

たことを受け、製薬株が急落している。同氏はワクチン反対派であるほか、ＦＤＡ（食品医薬品局）に対して批判的な立場を示しており、製薬会社のワクチン販売への影響が懸念されている」（『日経オンライン』）

「米国で現在使用が承認されているワクチンは安全性と有効性が知られており、リスクと副作用に関する観察が続けられている」（『ＣＮＮ』）

よくもここまで〝ウソ〟を平然と書けるものだ。いまだ悪魔勢力のメディア支配は顕在だ。記者たちは、脳の髄まで悪魔たちに〝洗脳〟されており自身もまったく気づいていない。

ケネディ氏は、これら〝ウソ〟をたれ流すマスゴミと戦い続けていく。

その背後には「メディアのフェイク・ニュースは断じて許さない！」と豪語するトランプが控えているのだ。「刑事罰も許さない！」というから、ＣＮＮやＣＢＳなどフェイク・ニュース垂れ流しのメディア関係者の相当数が刑務所行きとなるだろう。

第６章

イーロンはトランプ政権ナンバー2、未来文明は激変する
――EV、自動運転、人型ロボット、スターリンク、スペースX……

未来へ……！　アメリカ文明を加速させる〝強力エンジン〟

＊米国新生へ最強タッグ

イーロン・マスクは二一世紀を創る男だ。それも、たった一人で……。
もはや天才という言葉では表わせない。
まさに二一世紀初頭……彼の登場は奇跡としか、言いようがない。

七月八日、トランプが銃弾を受けた直後、立ち上がり拳を突き上げ〝ファイト！〟と叫んだ。

それを見た瞬間、マスクの心にスイッチが入った。

「……彼しかアメリカを救う政治家はいない」

いっぽうスペースXのロケットが逆噴射で着地する映像を見てトランプは思った。

「……彼しかアメリカを救う企業家はいない」

こうして二人はがっちり力強い握手を交わした。

トランプは確信した。

「彼の〝技術〟こそ、アメリカ産業を復興させる」

「彼の〝企業〟こそ、アメリカ経済を復活させる」

この時点で、アメリカは、超強力な〝エンジン〟を得たのだ。

トランプは間違いなく、マスクの〝発明〟に未来のアメリカ文明を見ている。

この二人はアメリカ新生に向けて最強のタッグだ。

＊持続可能社会を目指す

イーロン・マスクの企業哲学は明解だ。

――人類が持続可能（サステナブル）な社会を築く――

これが究極の目標だ。だからかれのさまざまな会社でのチャレンジもすべて、この目標達成のためだ。マスクといえばテスラ。テスラといえばＥＶ……電気自動車のメーカーだと思っている人も多い。それは、まちがいだ。ＥＶも持続可能社会へいたる手段の一つにすぎない。

マスクは「未来のクルマはすべてエンジンからＥＶに変わる」と主張してきた。

その理由は内燃エンジンのエネルギー効率が極めて悪いからだ。

シリンダーで燃やした石油エネルギーの約一〇分の一しか走行エネルギーに使えない。

石油一リットルを燃料にした場合、エンジン車とＥＶを比較してみよう。

エンジン車は九割エネルギーを無駄にするため一〇キロしか走れない。

同サイズの車でもＥＶなら、まず石油一リットルを火力発電所で燃やし、その電気を送電線で運んで充電してＥＶを走らせる。すると約五〇キロ走る。

同じ一リットルの石油でもＥＶは五倍走る。だから自動車をＥＶにシフトすれば、石油資源を八割節約できる。それだけ環境汚染、温暖化ガスも減らせる。

＊テスラすべてに圧倒勝利

ＥＶ競争には何段階ものステージがある。

▼第一ラウンド《ＥＶ性能》①一充電・走行距離、②充電時間、③電費性能、④加速力、⑤電

池耐久性、⑤内外装、⑥荷物積載量……など。

――テスラ・モデルYは二〇二三年、世界で一二〇万台、もっとも売れた車となった。◎圧倒的勝利

▼**第二ラウンド《充電設備》**テスラ〝スーパー・チャージャー〟網は、「北米充電規格」（NACS）を獲得。数多くの他メーカーが導入を表明。確実に世界規格となる。◎**圧倒的勝利**

▼**第三ラウンド《自動運転》**レベル5まで区分がある。テスラFSD方式は、光学カメラ八台を搭載。AI情報処理を行う。全世界を走る六〇〇万台テスラEVから送られてくる道路情報をビックデータとし、FSD運転に生かしている。他社はレーダー〝マップ方式〟。〝地図〟がない地域は走れない。だから、FSD方式が確実に世界基準となる。◎**圧倒的勝利**

▼**第四ラウンド《無人タクシー》**テスラ〝サイバーキャブ〟は、地域を選ばずに完全無人走行が可能だ。他社は〝地図〟方式の自動運転なので、走行地域が限定され、さらにコストも高い。◎**圧倒的勝利**

▼**第五ラウンド《カーシェア》**テスラEVは乗らないときは《無人タクシー》として〝稼がせる〟ことができる。一年間の売り上げは約四〇〇万円にもなる。◎**圧倒的勝利**

このようにEV一つとっても、テスラは圧倒的な優位性を保っている。

――では、次にイーロン・マスクが矢継ぎ早に発表する数多くの〝発明〟を見てみよう。

〝ロボタクシー〟完全自動（FSD）で運転手はいない

行き先を言うだけで発車オーライだ。

二〇二四年一〇月一〇日、公表。ハンドルもブレーキもアクセルもない。二人乗り。カリフォルニア州の映画スタジオでお披露目。イーロン・マスクが〝サイバーキャブ〟と名付けたロボタクシーは音もなく発進し、街路を回って音もなくセレモニー会場に到達。両側のウイング・ドアが高々と開き、イーロン・マスクが両腕をあげてガッツポーズで現れると、会場の興奮は最高潮に。マイクを握ったマスクは「このロボタクシーは価格は三万ドル以下で販売するつもりだ」と自信たっぷり。

生産開始は二〇二六年から――。

「……クルマの中で過ごす時間を考えてほしい。その時間を自由に使えるんだ。好きなことが、なんでもできるんだよ」

〝サイバーキャブ〟が採用しているのは、テスラの開発した「完全自動運転ソフト」（FSD：フル・セルフ・ドライブ）。

〝サイバーキャブ〟の特徴は、〝非接触充電〟方式。人間が運転するEVなら充電ステーションでプラグを差し込んで充電する。しかしロボタクシーは無人だ。

だから〝非接触充電〟方式を採用している。

〝ロボバン〟EVバス、無人運転で二〇人乗り

このイベントのもう一つの目玉はEVバス。近未来デザインで前方にも窓はない。

無人運転だから、当然だが、まるでSF映画からタイム・スリップして現れたようだ。

停車すると、ドアが自動で開き、〝乗客〟が二〇人ほどハーイと笑顔で降りてきた。

FSD13（フル・セルフ・ドライブ方式）

「……FSDのないクルマに乗るのは、馬に乗ってスマホをいじるようなもの」

イーロンは完全自動運転から取り残されたエンジン車を皮肉っている。

FSDは進化によって〝ヴァージョン区分〟されている。

その最新〝ヴァージョン〟13・22。何百人ものモニターが、すでに路上で試用している。

その反響が凄すぎる。

▼「自宅を出るときからハンドルに一度も触れない。行く先を言うと、車庫から出て、目的地の開いた駐車スペースまでEVが勝手に見つけて駐車した。だから一回もハンドルに触れずに目的地についた」

▼「FSD走行中にネコが飛び出したが、EVはそれをちゃんと回避した」

▼「行き止まりの道で自動停止。勝手にハンドルのみごとな切り返しで、難なくUターンした」

三〇分の一……!? びっくり安値のテスラ保険

イーロンは「完全ＦＳＤにすれば、事故率は人間のドライバーの三〇分の一まで減らせる」という。

すると自動的にＥＶ自動車保険の掛け金も三〇分の一になる。

この保険料の安さだけでも、ガソリン車からＥＶへ消費者はなだれを打って殺到することだろう。

〝サイバー・トラック〟正体は水陸両用車だ！

ピックアップ・トラック型のＥＶ。デザインは近未来ＳＦ映画に登場しそう。三トン自重にもかかわらずゼロから時速六〇マイル（約一〇〇キロ）加速が二・六秒。化け物級の加速力。最高速は時速二〇九キロ。ポルシェ９１１との加速競争では、もう一台の９１１を牽引しながらの余裕の楽勝。最大五トンまで牽引できるという。

車体は無塗装ステンレス。機関銃で撃っても穴が開かず、ドライバーは安全というのがアメリカらしい。窓も特別強化ガラス。それとイーロンが最後に自慢するのは、この〝サイバー・トラック〟は「水に浮く」のだ。

「……三〇分間は水上走行できる」（マスク）。それだけ密閉性が高い。

排気管のあるガソリン車なら、こうはいかない。これは洪水時やアウトドアで渡河するとき、予想外の威力を発揮しそうだ。

〝セミ・トラック〟一充電八〇〇km、燃費二分の一！

「……見かけは象だが、走りはチーターだ」

イーロン・マスクは発表会場で自信満々だ。

このEVトレーラ・トラックは、一回の充電で八〇〇km走行。

「……これは本当に道路革命だ。有意義な方法で世界をより良くできる。発表当時の予定価格は約二〇〇〇万円」（イーロン・マスク）。

なぜテスラがトラック分野に進出したのか？

すでにペプシコに一〇〇台納車済み。

全大型トラックは全車両数のうち一％しか占めない。しかしアメリカ全車両の排出ガスの二〇％をディーゼル・エンジンの大型トラックが排出している。

粉塵排出は三六％を占めている。しかし、EVである〝セミ・トレーラー〟は、ゼロ・ミッションだ。

これがテスラが大型トレーラー分野に進出した一番のメリットだ。

大型トレーラー部門へのテスラ参加の意義は、それだけではない。

二番目に当然、テスラEVには完全自動運転（FSD）が採用されている。これはトラックドライバーの労働低減に大いに役立つはずだ。少なくとも高速道路上でハンドルを握る必要さえない。

三番目の理由は、〝燃費〟の良さだ。

マスクによれば、ディーゼル・エンジンのトラックに比べて走行コストは二分の一という。

逆にいえば、荷主は同じコストで二倍運べることになる。

六〇〇ドルの〝電動オートバイ〟

イーロン・マスクは〝EVバイク〟まで完成してしまった。

これは、既存オートバイ・メーカーには脅威だろう。その名称は〝モデルM〟。デザインは、近未来的で超カッコイイ。最先端スタイルと仰天は、その価格だ。なんと六〇〇ドル……！　日本円でわずか九万円。

これは冗談としか思えない。

キャンピング・カーの進化系〝EVホーム〟

これは、マイホームとEVを合体させた。

いわばキャンピング・カーの進化系だ。「現在、都会で家を持つのは極めて困難になっています。住宅価格と金利高騰がそれに拍車をかけています。それより〝動く家〟にしましょう。ソーラーパネルで電力自給

テスラ“EVバイク”は9万円!?と価格破壊

し、〝スターリンク〟で、どこでも世界とつながれます」（テスラ社広告）

アメリカでは無駄を省いた〝タイニーハウス〟がブームとなっている。

それをEVと合体させたのだ。

〝EVホーム〟は全米を好きなときに、好きな場所に移動できる。

テスラは新しい興奮のライフスタイルを提案している。

世界標準をゲット！〝スーパー・チャージャー〟

テスラが世界EV企業の覇者であることを裏付ける。

EVインフラの要が充電ネットワークだ。

日本でEV普及が決定的に遅れている理由の一つが充電網の遅れだ。

まあ、日本の場合、官民あげて「EVを普及させない」ための〝イヤガラセ〟であった。

極めて陰湿で、極めて姑息である。

その二〇二四年末で中国と日本の完全電気自動車（BEV）普及率は二〇対一という圧倒的大差がついてしまった。もはや日本メーカーは絶対に追いつけない。それどころか日産は利益九〇％減で九〇〇〇人リストラ！　ホンダ、三菱と三社統合に追い込まれた。

これぞ日本的島国根性の結末だ。日本自動車業界の行く先には〝地獄〟が待っている。

日本がEV普及しなかったもう一つの理由が、充電インフラ整備を国にやってもらおうとしたことだ。いわゆる〝甘えの構造〟だ。

しかしテスラをはじめ海外ＥＶメーカーはちがった。充電インフラ整備は、自社の責任と考えている。だからイーロン・マスクはテスラＥＶの販売と並行して、充電網の整備を徹底的に進めた。それが〝スーパー・チャージャー〟だ。

世界ＥＶメーカーのトップに立つ。そのためには世界標準を手にすることだ。

〝スーパー・チャージャー〟は、その普及率、利便性によってアメリカの「標準規格」（ＮＡＣＳ）に認定された。つまり米国標準規格をゲットした。数多くのＥＶ企業がＮＡＣＳ方式採用を表明。テスラ、第二ラウンド、圧倒的勝利である。

将来利益はEVを越える〝メガ・パック〟

文字通り巨大電池である。テスラが単なるＥＶメーカーでないことの証しだ。

イーロンは「持続可能社会を創る」という。そのために石油などの化石燃料から風力などの自然エネルギーに移行する。しかし自然エネルギーの欠点はランダムであることだ。

だから、これらエネルギーをいったん貯蔵する必要がある。そのために開発するのが〝メガ・パック〟だ。華やかなＥＶの影に隠れて目立たない。しかしテスラのエネルギー貯蔵部門は急成長している。その普及は爆発的で日本でも仙台市が導入している。

この蓄電ビジネスは将来、ＥＶの売り上げを越えると言われる。

気づいていないのは、日本の産業界ぐらいだろう。

コンテナ型一基で一般家庭なら三六〇〇戸分の一時間の電力消費がまかなえる。

テスラの勢力に国策を合わせているのが中国の習近平政権だ。

「……自然エネルギー発電を全体の三分の一まで高める」

習近平は、「中国を自然エネルギー大国にする」と宣言し、強力に推し進めてきた。

まったく知られていないが、すでに中国は風力発電で世界トップである。

家庭用蓄電システム〝パワー・ウォール〟

これは〝メガ・パック〟の家庭用だ。やはり産業用と発想は同じ。電気を一時貯蔵する。

これは水道の水を一時的に蓄えておくようなもの。夜間電力料金が安いことは常識だ。

それを夜間蓄電しておき昼間に使う。あるいは太陽パネルで発電した電力を夜間に使う……

など、無駄なく電気を使うことで電力料金を劇的に減らせる。

自然エネ普及のカギ〝仮想発電所〟（VPP）

これは、広域の電力消費をAI（人工知能）により制御する。

従来の発想では、原発など巨大発電所から送電網で給電していた。

しかし、持続可能社会を求めるテスラの発想は異なる。

一〇〇万Kw原発一基より、一万Kw一〇〇基の自然エネルギー発電所ネットワークを形成する。

太陽、風力、波力、地熱……など地域に合わせた自然エネルギー発電をネットワークで結ぶ。

巨大原発だと一基故障しただけで地域全体が停電（ブラックアウト）だ。

しかし一〇〇基のネットワークなら、残り九九基でカバーできる。

ただし、これら給電網を無駄なく完璧に稼働させるには極めて複雑な制御が必要となる。

それを、ＡＩ（人工知能）に行わせる。無駄な電力消費はカットできる。これは自然エネルギー普及のかぎとなる。

原発など巨大施設は建設費、運営費、送電費ともに巨大だ。ＶＰＰは、小規模なので、その無駄の排除ができる。それにより電力コスト半減も可能になるだろう。

ＡＩが判断しながら行動〝オプティマス〟

「……〝オプティマス〟がテスラを二五兆ドル産業に成長させる！」

テスラの人型ロボット〝オプティマス〟の進化が驚異的だ。

三年前、イーロン・マスクが発表した時、会場には失笑がもれた。

人間が着ぐるみに入ってロボットを演じていたからだ。

しかし、〝オプティマス〟は今や人が投げたボールをキャッチするまでに成長している。

「針に糸を通すことも、ピアノを弾くこともできる」とイーロン・マスクは笑う。

さらに驚異は、その価格だ。

彼によれば「製造原価は一万ドル」。だから「二万ドルで販売を考えている」という。ロボット開発は世界中で加熱している。たとえばアトラス社ロボットは驚きの運動性能を見せる。ハイジャンプ、バクテン……なんでもあり。

しかし、これら他社ロボットと〝オプティマス〟は決定的にちがう。

他社製品は、あらかじめプログラムされた動作しかできない。

しかしテスラ〝オプティマス〟は、ＡＩが自己学習しながら行動する。

つまりＡＩが状況判断しながら自律行動する。

「……将来は一家に一台は普及する」とイーロンは自信満々だ。

すでにテスラ工場では相当数の〝オプティマス〟が作業をしている。

マスクは「二〇二五年には、数千体の〝オプティマス〟が工場で働いている」という。

世界の産業界では単純作業は、このロボットに置き換わるだろう。

一体二万ドル（約三〇〇万円）。人間一人の人件費だ。しかし、ロボットは二四時間働く。人間の三倍働く。トイレ休憩も昼食休みもない。健康保険も有給休暇もない！

「……将来、人類は労働から解放される」とマスクは言う。

「だから、やりたいことがだれでもできるようになる」

そんなロボット社会は、ほとんどの人は夢物語と思っていた。

しかし、それは目の前で現実のものとなっているのだ。
「……スターウォーズのC3POのように料理や掃除、工業作業、さらには子どもの教育まで可能になる」(マスク)
もはや、それを非現実的と笑う者はだれもいない。

東京・NY間二六分の〝スペースシップ〟も完成!

*世界の交通網を制覇する

イーロン・マスクの野望は、交通部門においてもとどまることを知らない。

世界を制覇したテスラのEV開発など、ワン・オブ・ゼムにすぎない。

この男は世界の陸海空の交通システムを、たった一人で変えてしまおうとしている。

超高速列車〝ハイパー・ループ〟

これは空気鉄砲の原理の超高速列車だ。わかりやすくいえば〝チューブ・トレイン〟。

一方を減圧にすれば、チューブ内の列車は、そちらに引っ張られる。

子どもだましのような原理だ。しかしイーロン・マスクは、それを実際に建設し、完成させてしまった。驚嘆するのは、そのスピードだ。
「……最高速、時速一二〇〇kmまで可能だ」(マスク)
これはジェット旅客機の一・五倍……！　非現実と思うだろう。
しかし世界各国で、この〝チューブ・トレイン〟の開発、建設が進んでいる。
実際、ドバイで首都と副都心を結ぶ高速列車として採用が決定している。
このニュースで日本人なら、だれでもリニア中央新幹線を思い出すだろう。
時速五〇〇kmだから、〝ハイパー・ループ〟の足下にもおよばない。
さらにリニアには一〇大欠陥がある。なのに破滅に向かって狂気の暴走を続けている。
だから、日本は一度、滅びるしかない(拙著『リニア亡国論』ビジネス社参照)。

宇宙旅客機から火星探検まで〝スペースX〟

〝スペースX〟はテスラの兄弟会社だ。むろんCEOはイーロン・マスク。

今や同社はNASAに代わって、宇宙開発の最先端企業となっている。

マスクが構想するのが〝宇宙旅客機〟だ。

早く言えば、乗客をロケットに乗せて宇宙空間を弾道飛行して目的地に〝着陸〟する。

〝着陸〟時はロケットを逆噴射して、ゆっくり目的地に着地する。口でいうのは簡単だが、極めて高度な制御技術が求められる。〝スペースX〟は二〇二四年一一月、それをやってのけた。

逆噴射ロケットは、マスクが〝箸受け〟と呼ぶ網に見事にキャッチされた。

トランプもその成功を絶賛している。

「……地球を一時間以内に結ぶ」。これがイーロン・マスクの構想だ。

ロケット旅客機なら、可能となる。ちなみに東京ニューヨーク間の所要時間は三六分……！

大量移住を可能にする〝火星ロケット〟

マスクは自分自身の夢を尋ねられると、こう答える。

「……火星で死ぬこと。ただし墜落ではなくてネ……（笑）」

イーロン・マスクは、人類の火星への大量移住を本気で考えている。

そのため着々と計画を進めている。人員や物資の大量輸送用ロケットの建造などだ。

しかし火星への旅行は数か月もかかる。人間は、そんな長時間の宇宙飛行に耐えられるのか？

本当にできるのか〝ワープ航法〟

そこでマスクは〝ワープ航法〟の研究開発を進めている。

これは、〝スター・トレック〟などSF映画ではおなじみ。一瞬で火星に到達することも可能となる。その瞬間移動（テレポーテーション）原理は量子力学が証明している。

マスクは、インタビューで「物質の瞬間移動には成功している」と答えている。

空を飛ぶ〝スカイEV〟

「EV戦争は、もう終わった」勝利したのはテスラと中国だ。欧米と日本勢は惨敗した。

しかし日本人は「EVは普及しない。トヨタが勝った」とうそぶいている。

これは、第二次大戦末期と同じだ。〝負けている〟のに〝勝ってる〟と思い込んでいる。

竹槍でB29と闘うような感覚なのだ。日本人のこの島国根性は度し難い……。

「――これからは〝スカイEV〟の競争だ！」

これが世界の自動車業界の合い言葉なのだ。世界の潮流（トレンド）を見誤ってはいけない。

世界最大の投資会社モルガン・スタンレーは、こう断言している。

「二〇四〇年、〝空飛ぶクルマ〟市場規模は一七〇兆円にたっする」

すでにテスラも垂直上昇、水平飛行が可能な〝スカイEV〟を提案している。

その上をいく〝EP：エレクトロ・プレーン〟

文字通り〝電動飛行機〟だ。EV開発においてモーター小型化とバッテリー軽量化は、劇的に進んだ。それを応用してEP（電動飛行機）が次々に開発されている。

イーロン・マスクは「将来、飛行機はすべて〝電動〟になる」と断言している。

現在のところは軽量プロペラ機がEP化されている。

バッテリー蓄電しモーターでプロペラを回すと、飛行コスト五〇分の一とは驚きだ。

将来、エンジンからEPに移行するのはまちがいない。

自動車からEVへのシフトと同じ現象が空でも見られるはずだ。

航空機の概念が変わる〝電動ジェット・エンジン〟

イーロン・マスクは世界の空も制覇することは、まちがいない。

彼は驚愕の新型エンジンを開発している。それが〝電動ジェット・エンジン〟だ。

電動モーターとジェット・エンジンを合体させたハイブリッド〝未来型エンジン〟だ。

「……将来の高速飛行機は、すべて〝電動ジェット〟になる」（マスク）

この未来エンジンは、超省エネで、それでいて軽く音速を越えるのだ。

渋滞を解消する〝ボーリング・カンパニー〟

〝ボーリング〟とは〝トンネル会社〟という意味。イーロン・マスクは地上の交通渋滞をクリアする方法を地下に求めた。そこで独自に掘削会社をスタートさせた。地下トンネルなら信号も交差点もない。おまけにテスラのFSD（完全自動運転）なら、高速走行も可能だ。

テスラ・モデル3などの最高速度は時速二四〇㎞ほど。それで地下を走行すれば、地上とはくらべものにならないほど速く目的地に到着できる。

すでにラスベガスなどの地下に、このようなテスラ・トンネルが次々に建設されている。

五五〇万円の家に住む〝プレハブ・ハウス〟

イーロン・マスクは住宅部門にまで進出している。その売りが〝プレハブ・ハウス〟。いわゆる工場生産、現地組立なのだが、驚異は、その価格だ。なんと日本円で五五〇万円。さらに驚きはその〝工期〟。なんと一時間……!?

さらに驚きは、マスク自身がそこに住んでいるという。

「……イーロン・マスクは昨年、カリフォルニアで所有していた不動産のほぼすべてを売却してテキサス州に移住した。六月上旬のポストで、マスクは現在の住居が〝スペースX〟から借りている小さな箱型の家であることを明らかにした。その家は〝スペースX〟の製造拠点にある約五万ドル（約五五〇万円）の折り畳み式でプレハブ住宅を借りて住んでいる」（『フォーブス』二〇二一年七月五日）

砂漠でも海洋でも世界とつながる〝スターリンク〟

〝スペースX〟のもう一つの目玉が〝スターリンク〟だ。

宇宙に数千個の小型衛星を打ち上げ、それで世界の通信を結ぶという構想だ。

「砂漠にいても、アマゾンのジャングルにいても、ワイファイがつながる」（マスク）

現代の携帯電話通信は危険な側面を抱えている。それが地上を飛び交うマイクロ波の有害性だ。とりわけ電波中継タワーは危険だ。周辺住民にがんが一〇倍以上多発したという報告もある。電磁波の危険性については、メディアも政府も学界も口にすることすらタブーなのだ。

イーロン・マスクの〝スターリンク〟構想は、その解決策でもある。通信電磁波を地上で使用することは、できるだけ避けなければならない。被曝は免れないからだ。

イーロンが構築する〝スターリンク〟なら電波の強さは一〇〇分の一くらいだろう。

それなら人体への影響も心配ない。

さらに、このシステムにより情報ネットワークは、広く人類に解放されることになる。

〝メド・ベッド〟から〝電脳革命〟まで実現する

寝るだけで治す〝メド・ベッド〟

イーロン・マスクは医療分野まで、果敢に挑戦している。

トランプも前大統領時代に、こう確言している。

「……もうすぐ、病院の行列に並ばなくてもよい日が来る」

これは未来医療機器〝メド・ベッド〟を指している。

それは「波動医学」を根本原理として、薬やメスを使わないで病気や怪我を治す治療装置である。マスクは二〇二四年初めにこうポストしている。

「……テスラが〝メド・ベッド〟を開発、普及する。もう病院は必要ない」

この宣言に医療既得権にしがみつく連中は震え上がるだろう。

それは、ズバリ製薬会社や病院関係者だ。医者の大量失業も免れない。

――人類の死因の一位は〝医者〟である――

だから自業自得なのだ。製薬会社と病院システムは確実に崩壊に向かう。

人体とハイテクの合体〝ニューラル・リンク〟

これは脳とハイテクを接続する技術だ。目の見えない人の脳と、視覚装置をリンク（接続）すると、外界が〝見える〟ようになるという。凄いとしか、言いようがないテクノロジーだ。

さらに、電脳システムで……意識するだけで外部の装置を動かすことができるようになる。

また、電動義足などを装備して意識により操作可能となる。

まさに未来SFの世界だ。

マスクは、この技術で「ハンデのある人たちを救える」と自信をこめていう。

――まさに、超天才イーロン・マスクはあらゆる近未来文明を、たった一人の発想力で開拓し、実現していく……。トランプがアメリカの未来を、この男に託したのもうなずける。

「……二一世紀の人類の未来は、この人物にかかっている」

地球の近未来は、その夢想を実現させる方向に大きく動いていくだろう。

第7章 不法移民の目的は人身売買、小児性愛、アドレノクロム、NWO
——オバマ夫妻すでに国外逃亡！これから大規模な責任追及と逮捕が始まる

トランプ、二〇〇〇万人強制送還に米軍動員

*アメリカ・ファースト開始

トランプは選挙キャンペーン中から「大量国外追放」「二〇〇〇万人を強制送還」「米史上最大の国外送還作戦」を訴えてきた。

「……不法移民へ最後のプレゼントは帰りの航空チケット代だ！」

しかし航空券代も不要になりそうだ。

二〇二四年一一月二六日、彼は宣言した。

「……数百万人の不法移民の強制送還に米軍を活用する」

選挙前の公約実現を早速スタートさせた。まさに〝アメリカ・ファースト！〟。

これは異例の措置だが、大統領令にペンタゴン（米国防総省）は全面的に従うとみられている。

「……トランプ氏の政策顧問らは収容所の建設、不法移民の国外移送に軍を活用し、国境警備隊や移民局職員には、捜査や身柄の拘束に専念してもらうと言う。専門家は軍の役割がメキシコ国境沿いを中心とする支援の任務に限定され、容疑者と接触しないのであれば、法的に問題がない可能性があるとしている」（『ロイター』）

「……こうした計画に異議を唱えても、おそらくうまくはいかないだろう。関連法規にはあいまいな点が多すぎて〝これは絶対に駄目〟という規定を示すのは困難だ」（ライアンバーグ教授、空軍士官学校）

＊バイデン四年間で爆発増

「……不法移民摘発のため、必要なら『国家非常事態宣言』も発令する」

トランプ次期大統領は、選挙中も訴えてきた。

「不法移民がアメリカ人の仕事を奪う」「殺人やレイプを犯している」

「治安は極めて悪化している」

彼が危機感を抱くのは当然だ。移民すべてに反対しているのではない。

合法移民なら問題はない。しかし不法に国境を越えて侵入したら、それは立派な犯罪だ。

それを手助けするのも犯罪。いずれも刑事罰か科せられる。

なのにバイデン大統領は「不法移民を受け入れる」と国境を開いてしまった。

大統領自身が率先して法律を犯してしまった。国境警備法を犯してしまった。

だからバイデンこそ真っ先に逮捕されるべきなのだ。

トランプは言う。「二〇〇〇万人もの不法移民はアメリカ最大の国難だ」。

とりわけ、バイデン政権四年間の不法入国者の伸び率はトランプならずとも恐怖を感じる。

南部国境で拘束された不法移民だけを見ても、バイデン政権の四年間がケタ外れに突出している（次ページグラフ参照）。

＊犯罪者、テロリストたち

最初に強制送還の対象となるのは犯罪者などの危険人物だ。

バイデンの国境無条件開放により、テロリストやギャング団などが大量に流入している。それが全米レベルで治安の悪化を招いている。
「……トランプ氏は犯罪組織の構成員と疑われる者を迅速に強制送還するため『外国人・治安諸法』と呼ばれる一七九八年制定の戦時法を発動する計画だ。この措置が法廷で争われることは、ほぼ確実だ」「……この法律は一八一二年の米英戦争、第一次・二次大戦の三回発動されている。最後の例では、日系、ドイツ系、イタリア系住民の強制収容を正当化するために用いられた」（『ロイター』）

だれしも不思議に思うだろう。なぜバイデン政権は無秩序な国境解放を行ったのか？

それは国内に混沌《カオス》を持ち込み、アメリカを分断、国力を低下させるためだ。

もう一つの目的は不法移民たちに恩を売り、民主党に投票させる。

不法入国者はバイデン政権で爆発的に増加！

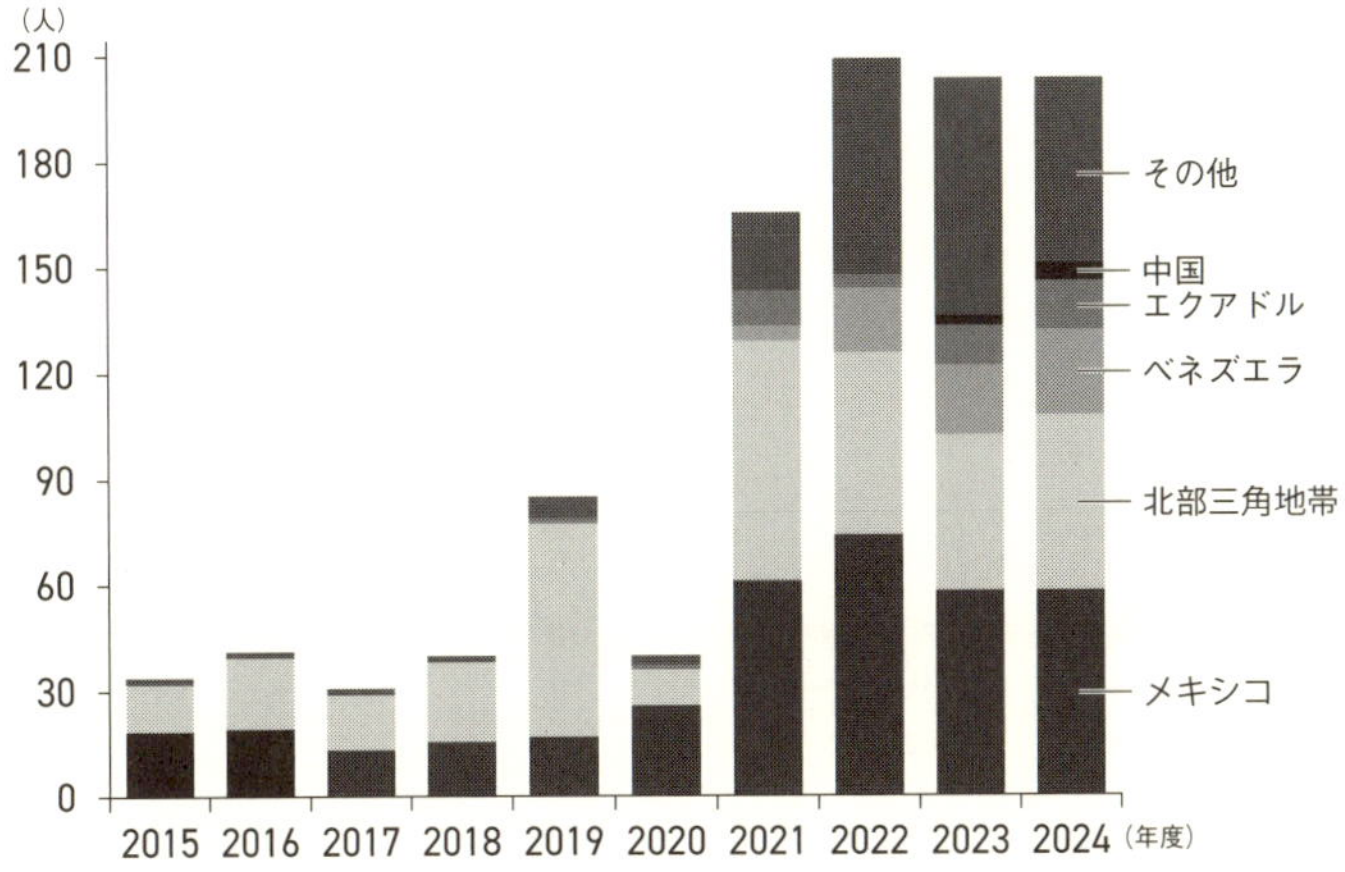

出所：米国連邦政府統計資料より

これも、ささやかな〝ハリスジャンプ〟を引き起こしただけで不発に終わった。

DSは大量不法移民で国家破壊しNWOに導く

＊LGBT推進もまったく同じ

ディープステートの狙いはさらに奥深い。

〝やつら〟の目的は、まさにアメリカを〝カオス〟にすることなのだ。

マイヤー・ロスチャイルド「世界征服計画」（二五箇条）を思い出してほしい。

「……われわれは、〝ゴイム（獣）〟たちの①『国家』、②『民族』、③『宗教』を破壊する。そして地球統一政府を樹立する」

これが彼らの構想するNWO（ニュー・ワールド・オーダー：新世界秩序）なのだ。

悪魔勢力の究極目的はただ一つ。

地球をまるごと支配し人類を永遠の奴隷として使役する人類家畜社会を目指す。

その第一段階では、あらゆる国家を解体、破壊しなければならない。

そのために秩序、規範、道徳、伝統……などを徹底的に破壊する。

精神的土壌を徹底破壊し、更地《さらち》にする。

だからLGBT、ポリコレも不法移民も目的はただ一つ――アメリカ国家の破壊なのだ。

民主党支持者やリベラルや左派は、この奥深い企《たくら》みに気づかねばならない。

あのマルクスや共産主義ですら、たんなる国家破壊ダイナマイトに使われたにすぎない。

＊究極目的は人類家畜社会

それもそのはず。共産主義の産みの親はマルクスの後ろ盾だったロスチャイルド財閥なのだ。
ＮＷＯ（新世界秩序）と共産主義はコインの裏・表である。
「……共産主義は民族主義を否定する。キリストの愛を否定する。個人の権利を否定する。私有財産を否定する。思想・言論を否定する。これらは、まさにユダヤの基本原理でもある」（ユースタス・マリンズ氏）
「……共産主義者たちが一国を支配すると最初に行うのは、非ユダヤ人の指導者を全員殺害することである。大学教授や知識人、政府の官僚、そのほかユダヤに敵対行動を指導する可能性のある非ユダヤ人を一掃するのである」（同）
「……政治権力を奪取するにはリベラル（自由）を訴えるだけでよい。すると騙されて人々は自分の財力、権利、特権を手放す。それをいただけばよい」（二一五条）

――最終目標（世界統一政府）に到達するためには、ありとあらゆる手段を正当化しなければならない。暴力とテロは、もっとも有効である。支配には狡猾《こうかつ》さ、欺瞞《ぎまん》さが必要だ。不法移民もＬＧＢＴも共産主義も、人類を家畜社会に導くための〝分断〟〝混沌〟〝洗脳〟なのだ。このような「国家」「民族」「宗教」破壊を絶対に許してはならない。

バイデン政権は子どもの人身売買業者の一味だった！

＊八万五〇〇〇人の子どもが消えた

バイデン政権は、まさにディープステートの巣窟だった。

その戦慄の〝闇〟が暴かれている。

『フォックス・ニュース』（二〇二三年四月二七日）のスクープ画像は衝撃的だ。

その内容は――、

「……著名な活動家が『バイデン政権が、国境での児童人身売買を奨励している』と主張し、さらに『売買業者は、別の名前を使って政府職員がわからないように、子どもの〝スポンサー（里親など）〟になりすましている』と告発している」

四月二五日付『ザ・ニューヨーク・タイムズ』も、「国境を越えて来た移民の子どもたちが残酷な仕事で酷使されている」と暴露している。記事によれば「バイデン政権になって八万五〇〇〇人の子どもたちが〝行方不明〟になっている」と衝撃的事実を伝える。

バイデン政権の成立と、子どもたちの行方不明が九万人近く増えたことに、どんな関係があるのか……？

＊不法移民の子らの悲劇

その流れは、次のようにつながっていく。

(1) バイデンが国境を開放した。

そのため不法移民がメキシコ国境などに押し寄せた。その中には数多くの子どもたちもいた。そこで大量の子どもたちがシェルター（緊急保護施設）に収容された。

(2) バイデン政権は訴える。

「早く子どもたちを〝スポンサー〟に渡すように」保健福祉省の職員に要求する。これは一種の行政命令だ。職員は従うしかない。

(3) 〝スポンサー〟審査は、じつにずさんだ。

そのＩＤ（身分証明）や職業、経歴、収入証明など極めて重要である。しかし、ほとんどノーチェックで〝里親〟と判断していた。

（4）政府は人身売買の共犯者。

このようなずさんな審査で過去二年間で、八万五〇〇〇人以上の子どもたちと「連絡」がとれなくなっている。

――この子どもたちは人身売買業者の〝犠牲〟になったとみられる――

なぜなら里親や身元引受け人の審査が正当なら、「連絡」がとれて当たり前だ。

それが〝行方不明〟ということは、悪質な業者に人身売買されたとしか考えられない。

米政府は数十億ドルの児童売春業者の「仲介業者」

＊〝主犯〟はバイデン一族

これはバイデン政権が人身売買に子どもを斡旋していた……という驚愕事実である。

その〝主犯〟が、なんとバイデン大統領一族なのだ。

下院の女性議員は、その決定的証拠を掲げて追及する。

「……バイデン一族がアメリカ、ウクライナの売春組織で人身売買を行ってきた事実を告発する。手元には二〇〇〇ページもの証拠記録がある」

さらに四月二六日、下院司法委員会で衝撃的証言が行われた。

告発者はタラ・リー・ロダス女史。彼女は保健福祉省に勤務する現役の職員だ。

その下院での証言は驚愕の内部告発だった。

「……アメリカ政府は、数十億ドル規模の児童売春、悪質業者の『仲介業者』となっています」

つまりバイデン一族こそ、人身売買マフィアの中枢にいたのだ。

＊小児の「虐待」「売買」「売春」

ロダス女史の証言はじつに具体的だ。
（1）子どもたちは密輸業者や人身売買業者に借金を返すため、屠殺場、工場、レストランなどで夜勤など過酷労働を強制されている。
（2）子どもたちは「児童売春」させられるため売買取引されている。
（3）子どもたちは「虐待」「人身売買」されていることを訴えるため、助けを求めてホットラインに電話してきている。
これらの子どもたちは、どうしてアメリカにやって来たのか？

かれらは、まず母国で募集され、米国境まで密輸され、米国で〝スポンサー〟（業者）に引き渡される。

ロダス女史は自分の職場である保健福祉省で密かに行われている〝犯罪〟を実名、顔出しで、下院司法委員会で証言したのだ。その勇気には、ただただ頭が下がる。

人身売買マフィアたちの凶悪さは、十分に知っている。

それでも自らの職場で白昼堂々と行われている犯罪を見過ごすことはできなかった……。

つまり政府の福祉機関が巨大な人身売買シンジケートの一端を担《にな》っていたのだ。

なぜ、このようなことが横行してきたのか……？

この巨大犯罪の要点は以下のとおり。
▼保健福祉省が不法移民の子を杜撰《ずさん》審査で〝スポンサー〟に預ける。
▼名目は人身売買業者の搾取から子どもを〝保護〟することだった。
▼ところが〝スポンサー〟（業者）にとって子どもは〝商品〟なのだ。
▼これら一連の〝取引〟はまさに現代の「奴隷制度」そのものである。
▼スポンサーの正体は犯罪者、人身売買業者、国際犯罪組織などだ。
▼政府は犯罪者に子どもたちを供給する「仲介業者」になっている。
――さらに恐ろしいことがある。

＊警察、検察、FBIは沈黙

下院公聴会で議員が二〇〇〇ページもの証拠書類を掲げて人身売買業者の存在を告発した。

当然、この証拠は司法当局に告発とともに提出されたはずだ。

しかし司法が告発された人身売買業者を摘発した……という報道は、いっさいない。

これでは下院委員会に顔出し、名前出しして、決死の告発を行ったロダス女史の勇気も空しい。

まずは彼女の内部告発を聞けば、だれでも動転する。

米国政府が人身売買業者の〝斡旋〟を行い、八万余の不法移民の子どもたちが行方不明……。

しかし、この驚愕告発に警察、検察、ＦＢＩなどが動いた形跡はまったくない。

これほどの人身売買犯罪だ。ロダス女史告発によれば、保健福祉省職員が深く関与している。

問題は、〝スポンサー〟のずさんな〝審査〟だ。

〝審査〟を徹底的にやられたら人身売買業はやっていけない。

そこで職員に手心を加えてもらうため、なんらかの〝働きかけ〟があった。

これは、まちがいないだろう。わたしは『アメリカ不正選挙２０２０』（成甲書房）を執筆したとき普通の市民がいともかんたんに悪事に手を染めてしまうことにあぜんとした。

保健福祉省の職員たちも、最初は軽い気持ちで不正に手を染めていたのではないか。

当然、業者からいくらかの金銭的な〝働きかけ〟はあったはずだ。

しかし、これは明らかな〝ワイロ〟である。

〝要求〟に応じてずさんな審査をしたとなれば、これはもう人身売買業の共犯者となる。

「人身売買業者は〝極刑〟にする」（トランプ）

＊アメリカ最大の恥部

トランプ次期大統領は、明快に言い切った。

「……人身売買業者は〝極刑〟に処する」

大統領選の圧倒的勝利直後のこの発言。

二〇二〇年、大統領職を辞する前にトランプ大統領は、ホワイトハウス地下の奥深くから子どもたちを救出したといわれる。

小児誘拐と人身売買、さらに小児性愛と臓器取引……。

〝イルミナティ〟〝フリーメイソン〟に骨の髄まで支配されてきたアメリカ最大の恥部である。

――話を二〇二〇年に戻す。

トランプ大統領は、不正がなければ五〇州のうち四九州で完勝していた。

だから二期目の大統領に就任していたのは確実だ。

これがトランプ陣営が描いていた〝プランA〟だ。

しかし……、予想外の事態が噴出した。目もくらむバイデン陣営の不正選挙の山また山……。

不正発覚当時、トランプはまだ現職大統領だった。彼には強大な権限があった。

そこで世界中のトランプ支持者たちは確信し、待ち望んでいた。

それは民主党側の不正選挙に対して①「戒厳令」を布告し、②「反乱法」に署名し、③「緊急放送」で悪事を暴き、④「国家反逆罪」で逮捕。そして⑤「軍事裁判」で判決を下す。

そうすれば、バイデンをはじめ不正選挙に関与した連中は、すべてキューバのグアンタナモ刑務所送りとなる。これが〝プランB〟だった。しかし――。

トランプ大統領、監禁された子どもたちを救出

＊救出作戦〝プランC〟

〝プランB〟は発動されなかった。世界中のトランプ支持者たちは落胆した。

しかしトランプは第三の道……〝プランC〟を選択したのだ。

拙著『アメリカ不正選挙2020』（成甲書房）から引用する。


――トランプがとった〝プランC〟とは、どういう戦略か？

それは誘拐され地下に監禁されているおびただしい数の子どもたちの救出だ。

アメリカでは毎年約八〇万人の子どもが行方不明になっている。

日本でも一万数千人の子どもが毎年、〝消えている〟。

全世界では毎年百数十万の子どもたちが忽然と、どこかへ消え去っている。

ここにこそトランプ大統領がワシントンD.C.に六万余の州兵を召集した〝真の理由〟がある。表向きは大統領〝就任式〟の警護だが、もはや誰ひとり信じない。

目的は〝ほか〟にあった。それが誘拐され、ワシントンD.C.の地下施設に監禁されていたおびただしい数の子どもたちの救出だった。

二〇二〇年勃発した大統領選をめぐる一大騒動は、闇の奥のおぞましい悪事を次々に白日の下に曝《さら》してきた。世界六五か国以上が関与した史上空前の巨大選挙犯罪……。

これだけでも驚天動地の驚愕事実だ。しかし闇の奥はさらに、さらに深かった……。

それが世界中の子どもたちの誘拐、売買、監禁、売春、さらには虐殺……そしてアドレノクロム抽出という戦慄の地獄図が浮かび上がってきた（以上引用）。

＊毎年八〇万人が行方不明

このとき西海岸では、大がかりな人身売買組織が摘発された。

そして五〇〇〇人以上の業者が逮捕された。まさに前代未聞の事件だった。

しかし、この一大逮捕劇を大手新聞、ＣＮＮなどテレビは一切報道しなかった。

だからアメリカ人のほとんどは、この史上空前の逮捕騒ぎをまったく知らない。

当然、アメリカの属国、日本人も知るよしもない。ＮＨＫや朝日など日本マスコミは、アメリカ以上に腐りきっているのだ。そんなマスゴミの新聞やテレビを信じきっている日本人の頭のレベルは推して知るべし。日本人全員がのどかな〝お花畑の住人〟と化しているのだ。

ワシントンD.C.地下から数百人を助け出す

＊参加兵士の決定的証言

「……フェンス鉄条網も数万人の州兵も子どもたちの救出作戦のためだったのだ。今、私はそう確信する。これでワシントンD.C.での深夜、大量のツアーバスやバンなどの大量移動の謎が解けた。この軍事行動の〝目的〟が兵士の証言で明らかになっている」（同書）

■**ジーン・デコード**（元海軍特殊部隊員、二〇二一年一月二七日　証言）

――ホワイトハウスは一〇日間、真っ暗となりました。その間、（独立宣言当時の）一七七六年の国旗が掲げられましたが半旗でした。それは、とても象徴的です。

違う会社の多くのツアーバスが現れ、窓にはスモークが貼ってあります。一〇日目の夜、ホワイトハウスの入口付近のポーチに明かりがつきました。とても弱い黄色っぽいピンクの明かりです。そして特殊部隊の大きな二人の兵士が現れました。中から出てきた人々は兵士の太股までの背たけもなく、私には〝数百人の子ども〟が出てきたように見えました。これは、可能性として〝何が起きていたか〟ということです。議会議事堂とホワイトハウスの下には、地下軍事基地のトンネルがあります。

その子どもたちは、ずっと地下にいたのです。彼らは日中の光や街灯の強い光でさえも耐えきれないでしょう。だから彼らは明かりを消して助け出され、窓にスモークが貼ってあるバスに乗せられたのでしょう。

《二〇二一年二月一一日　証言》

――（トランプ復帰が）遅れている理由は、ワシントンDCの闇の地下トンネルのせいだと思います。D.C.の地下トンネルはオーストラリアの地下トンネルですら、大したことがないと思わせるほど巨大なものでした。その邪悪さのレベルは私の想像以上でした。非常に不快な、ひどい悪臭と腐敗がそこにありました。〝彼ら〟がしてきたことは、どれだけ腐敗していたか、どれだけ酷いものであったか……。兵士たちは見つけたものに対処するため、そこに突入し、掃除（逮捕）する。排除した後は念入りに掃除できたのです。

（その後、地下施設は軍の手によって破壊された。時折、首都ワシントンで停電や地震が発生したのは、この救出作戦のためだった）

『サウンド・オブ・フリーダム』叫び声を聴け！

＊人身売買六割は子ども

『サウンド・オブ・フリーダム』は、悲しい、苦しい、重い映画だ。

一人の幼い女の子が弟とともに人身売買業者にさらわれ、過酷な地獄のような日々を送る。

映画は一人の誘拐捜査官が業者を追跡、少女を助けだすストーリーを描いている。

しかし本作の目的はドラマを描くことではない。

その背後に潜む恐ろしい地獄の現実を観客に知らせることなのだ。

主人公の少女は、波乱万丈の救出劇の末に助けだされる。しかし心身ともに深く傷ついたこの子の魂は生涯……癒されることはないだろう。

この幼子を襲った悲劇だけでも衝撃である。

しかし、さらなる驚愕が観る者を打ちのめす。

それは終演後の字幕（テロップ）――。「……奴隷制度が合法であった時代より、現代の人身売買の犠牲者の数は多い。その六割は、子どもである……」。

人身売買の犠牲者6割は子どもである

＊三大密輸「麻薬」「武器」「奴隷」

かつてアフリカから黒人たちは白人の奴隷狩りで捕らえられアメリカ大陸等に売られた。

そして綿花の摘み取りなどに酷使された。

この奴隷貿易で約二五〇〇万人もの黒人たちが奴隷として売買されたという。

しかし、この時代は実に非人道的だが、奴隷制度は合法であった。

そして――。現在は人身売買や奴隷制度は非合法である。れっきとした極悪犯罪だ。

なのに現代のほうが、かつてより〝奴隷〟の数が多いとは！　そして、その六割が子ども……。

よく三大密輸といわれる。「麻薬」「武器」そして「奴隷」。

現代では「麻薬」「武器」より、「奴隷」の売買のほうが利益を上げているという。

そして、その六割が子ども……という現実。一人一〇〇〜二〇〇万円で取引されるという。

まさに絶句……である。

映画では、子どもたちは〝性奴隷〟として売買されていた。

小児性愛（ペドフィリア）の闇は深い。

しかし小児奴隷の売買目的は、それだけではない。

さらに、おぞましい現実が隠されている。それが小児殺害〝儀式〟の生贄《いけにえ》だ。

子どもを殺し〝飲血の儀式〟を行う悪魔集団

＊〝イルミナティ〟の黒歴史

これからの話は、あまりに衝撃的なので読み飛ばしていただいてもけっこうだ。

悪魔的連中が子どもを狙い、誘拐するのは小児性愛者へ売り渡すためだけではない。

歴史家ユースタス・マリンズ氏著作『真のユダヤ史』（成甲書房）に驚愕記述がある。

「……高名なカトリック学者ジェームズ・J・バルジャーのような生血《いきち》祭儀の権威によれば、『ユダヤ人が生き血を飲む儀式を信奉する理由は、ユダヤ人が寄生民族であって、生存を続けようとするなら、非ユダヤ人宿主の生血のお相伴にあずからざるをえないからだ、とされる』『生血を飲むのは黒魔術の儀式であり、この儀式を行うことによってユダヤ人のラビたちは、非ユダヤ人犠牲者の血液がみずからの血管をめぐるとき、未来を予言できるようになる』……」

このユダヤの〝飲血儀式〟を今も引き継いでいる……と言われるのが国際秘密結社〝イルミナティ〟だ。入会の儀式に幼児を殺しその血を飲む……。

それに耐えきれず内部告発した人物がいる。しかし数週間後に死体で発見されている。

真実を語ったことへの制裁なのだろう。

だからこそ悪魔集団による〝飲血儀式〟は都市伝説でなく、事実のようである。

子どもの人身売買は性虐待だけでなく、〝飲血儀式〟に捧げる生贄でもあったのだ。

＊男の子で年齢が六〜八歳

ここまで読んでもにわかには信じがたい。

しかし同書はさらに詳しく〝飲血儀式〟について解説している。

「……ゆえにユダヤ人の指導者たちは、時に応じて、非ユダヤ人の子ども、それもなるべく男の子で年齢が六歳から八歳までの子どもを誘拐する。ユダヤ人の『生血祭儀』細則によれば、非ユダヤ人の子どもは、肉体的に完全で、頭がよく、肌に傷のない者でなければならない。また、その子どもは思春期年齢よりも年少でなければならない。なぜなら、『思春期がはじまると血は汚れる』とユダヤ人は信じているからだ」（『真のユダヤ史』）

世界を裏から支配してきたディープステート中枢を支配するのが〝イルミナティ〟だ。それを構成するのがカバール・ユダヤだ。八～九世紀にユダヤ教に改宗したとされる勢力だ。

〝飲血の儀式〟は、彼らの結束を固める秘儀中の秘儀なのだ。

そして、この秘儀を行うためには、幼い子どもが絶対に必要となる。

ここに誘拐と人身売買の業者が暗躍することになる。

＊鋭利なナイフで突き刺す

「……子どもはシナゴーグに連れ込まれるか、ユダヤ人の監視下に置かれたなら、厳しく秘密にされている集会所に移される。誘拐された子どもは、そこでテーブルの上に横たえて縛りつけられ、裸にされる。そしてキリストの体が十字架の上で釘を打たれたのと同じ部位を鋭利なナイフで突き刺される。たらたらと流れ出る子どもの生血はコップに受けられ、ユダヤ人指導者たちは、そのコップを高く掲げるとグッと飲み干すのである。そのかたわらで非ユダヤ人の子どもは、救いのないおぞましい雰囲気のなかでゆっくりと息耐えていく」(同書)

ここまで読んであなたは、立っていられないほどの衝撃を感じたはずだ。

書いているわたしですら、胸元が気持ち悪くなってくる。

「……ユダヤ人たちは、瀕死の子の生血を飲みながら『キリストおよびすべての非ユダヤ人に呪いをくだしたまえ』と祈りを捧げ、そして非ユダヤ人に対するユダヤ人の象徴的な勝利を称える」(同書)

＊ユダヤ人すべてではない

誤解のないように断っておく。

ユダヤ人がすべて、このようなおぞましい儀式を行っているわけではない。

「……儀式への参加を許されるのは、とくに重要な指導者たち、つまりラビやユダヤ社会のなかのもっとも金持ちのメンバーだけ」「一般のユダヤ人は、参加を禁じられている」「儀式殺人がユダヤ社会全体に対する危険をはらんでいる」(同)

過去二〇〇〇年以上にわたって発生した反ユダヤ暴動のほとんどは「ユダヤ人の生血祭儀が露見したため」なのだ。

この秘密のはずの〝飲血儀式〟がどうして世間に露見したのだろう。

「……しばしば露見する第一の理由は、非ユダヤ人の子どもの刺し傷のある全裸死体が、生血をすっかり絞り尽くしたあとでゴミの山に廃棄されるからである。ユダヤのしきたりでは、犠牲者の遺体の埋葬を禁止している」「ユダヤの聖典『タルムード』は、すべての非ユダヤ人を〝畜獣〟であると規定しており、ユダヤの法によれば〝畜獣〟の埋葬は固く禁じられているからである。そこでユダヤ人は、殺した子どもの死体を古井戸のなかに投げ込んで遺棄するか、埋葬とは見なされない何らかの方法で死体を隠すことによって、その犯罪を隠蔽しようとする」(同)

〝飲血の儀式〟が許されているのは「一部の指導者たち」ということは、ユダヤのエリート層の〝特権〟ともいえる。〝イルミナティ〟などは、まさにユダヤ超エリート層である。

だから、〝飲血儀式〟は黒魔術の場で幼児殺人とともに密かに現在も行われているのであろう。

告発者の〝死〟は、逆にそれが事実であることを裏づける。

キリストを呪い、悪魔(サタン)を称える儀式

＊……イエスは知っていた

イエスは「幼子を私のもとによこしなさい」と説いている。

それはユダヤ人の手から子どもを守るためだった。

イエスは当時も行われていた幼児誘拐、殺害を知っていた。

「……お前たちは悪魔な父親から生まれて、父親の欲望を果たそうとするのだ。悪魔なる父親は、はじめから人殺しだったではないか」（『ヨハネ伝』第八章44節）

マリンズ氏はこう解説する。

「……この一節は、サタンとユダヤ人が持つ血の欲望を指したものである。ユダヤ人の歴史を通じてずっと習わしとされてきたことだが、非ユダヤ人がユダヤの儀式殺人を非難すると、常に、ユダヤはその非ユダヤ人の殺害を公式に決定する。だから、イエスが儀式殺人を非難すると、シオンの長老団は集会を開き、イエスを磔刑《たくけい》にすることを決定したのである」

「……石器時代と変わらない生活をしている原住民を除けば、今日、世界中でこのように気味

悪い生血祭儀を行っている民族は、ほかには一つもないだろう」(同)

＊キリストの磔刑を再現

「……ユダヤ人によるキリスト教徒の殺害は通常の場合、重要な祝祭の期間中に行われる。(中略)ユダヤの戒律は、プリム祭の非ユダヤ人犠牲者は成人でもかまわない、と規定している。ユダヤ人の祝日プリム祭については、非ユダヤ人に対するユダヤの勝利を祝うものである」(『真のユダヤ史』)

これらは、ユダヤの戒律『タルムード』などに事細かに決められている。

「……過越祭《すぎこしのまつり》の犠牲者は『七歳以下の白人の子どもでなければならない』とする点で、ユダヤの戒律はきわめて厳格である。子どもは蒼白になるまで血を流し、茨《いばら》の王冠を被せられ、拷問を受け、打擲《ちょうちゃく》され、短刀で突き刺され、最後に脇腹を突き刺されて、とどめを刺される。短刀はラビの手に握られて、キリストの磔刑を忠実に再現するよう規定されている。キリストがユダヤ人を非難したように、ユダヤの本質に対して、たとえ少数の非ユダヤ人が警戒を抱いたとしても、批判するそれらの者たちを殺すことによって、ユダヤ人は常に勝利を収めることを、この複雑な儀式が再保証するのである」(同)

――殺害されるとき子どもたちは恐怖に叫ぶ。するとアドレノクロムという物質が脳内に分泌される。さらに悪魔たちはそれを狙っていたのだ。

＊小児誘拐で製造〝悪魔の薬〟

アドレノクロムは、子どもを究極の恐怖にさらすと、その脳内・松果体《しょうかたい》から分泌されるという。それを眼窩《がんか》から注射針を刺して抽出する。小児誘拐の究極目的とされている。

それは強烈な麻薬効果と若返り効果があると、セレブの間で密かなブームとなり高額で取引されている。

二〇二二年には告発映画も公開。タイトルもズバリ『アドレノクロム』。コピーは「人間の内臓からドラッグを製造する連続猟奇殺人軍団を描く」。「……抽出には幼い子どもが誘拐や人身売買の犠牲となり、その流通には秘密結社や悪魔崇拝者が絡んでいるという噂が絶えず、〝悪魔の薬〟とまでいわれている」（映画「アドレノクロム」解説より）

第8章

ウクライナ戦争を終わらせ、中東危機も終息、BRICSと協調
――戦火よりも休戦、殺戮よりも和平、対立よりも共栄を推進する！

「この戦争は狂気の沙汰だ」（トランプ）

＊交渉をまとめるんだ

「……私が大統領に就任したら二四時間以内にウクライナ戦争を終わらせる」トランプの豪語は実現するのか？

選挙に圧勝するや、さっそく「プーチン大統領と電話会談をしたよ」。

そして鼻息も荒くなってきた。

「……ウクライナ戦争？　大統領就任前に終わらせるよ」

トランプは一貫してバイデン政権のウクライナへの巨額支援を批判してきた。

選挙期間中から、こう明言していた。

「……選挙に勝てば、まず次期大統領としてウクライナ大統領ゼレンスキーとロシア大統領プーチンに電話する。そして、こう言ってやる。『取引をまとめるんだ』『この戦争は狂気の沙汰だ』」

彼は当選後、即公約を実行に移した。プーチンとの電話協議は一一月七日。

「……戦争の早期解決に向けて話した。彼は解決（和平）への協議継続にも意欲を示したよ」

トランプはかねがねこう言っていた。

「……プーチンは私を恐れている。私が大統領だったら、プーチンは決してこの戦争を始めることはなかった」

つまりバイデンの無能がウクライナ戦争を引き起こしてしまった、と指摘している。

＊アメリカも出血多量でやばい

開戦からすでに一〇〇〇日以上が経過している。

ウクライナ、ロシア双方も疲弊しきっている。

一日でも早くやめたい。それが偽らざるホンネだ。しかし双方にタテマエとメンツがある。

その間をとりもつのが仲介役トランプの腕の見せ所なのだ。

九月、ゼレンスキーも訪米し、トランプの所有ビル〝トランプ・タワー〟で面会を果たした。

記者会見でトランプは、ゼレンスキーを従えてご機嫌だった。

「……私はゼレンスキー大統領ともプーチン大統領とも良好な関係を持っている」「この戦争を早期に終結させることができる」「プーチンと対話し、正義の実現よりも戦争終結を優先させる」

彼は笑顔でこう付け加えた。

「……タンゴは一人で踊れないからな……」と身振りを交えて記者団を沸かせた。

プーチンとの会談のことか？　と記者に問われると、ゼレンスキーは「……こちらとも」と投げかける。停戦、和平に向けて二人の間では、和気あいあいの話し合いが行われたようだ。

戦局はもはや決定的だ。これほど長期化すれば、小国ウクライナが疲弊するのも当然だ。

それでも、まがりなりにも戦闘が続いているのは欧米が武器供与をやめないからだ。

それもそのはず、ネオコンつまり軍産複合体にとって、戦争ほど〝おいしい〟ビジネスはない。戦争が続くかぎり武器消費は続く。戦争が永遠に続けば、武器は永遠に売れ続ける。

米国政府がウクライナに武器支援している……ということは、米政府が永遠に武器を買い続けるということだ。

バイデンはネオコンの傀儡《かいらい》でネオコン＝ディープステート……。まさに三位一体。

しかし絶望的な財政赤字に苦しむアメリカにとって、これ以上のウクライナへの武器供与は、まさに自らの出血多量死を招くようなものだ。

ウクライナ停戦はアメリカにとっても〝死活問題〟なのだ。

「……戦争やめるな！」バイデンご老体、ご乱心……

＊「もっとやれ！」と煽《あお》る

こんな〝死の商人〟たちにとっては平和こそが〝悪夢〟である。

トランプの「二四時間で終わらせる」発言など、〝かれら〟にしてみれば言語道断……。

焦ったDSは、老体バイデンの尻を叩いて戦争を煽ろうと必死だ。

こうして、すでに死に体で隠居状態だったバイデンが突然、〝大統領〟職に復帰!?

「……アメリカ製・長距離ミサイル『ATACMS』でロシア領内攻撃を許可する」と突如、

表明。世界を驚かせた。ご老体、ご乱心……？

しかし、これもトランプ和平に慌てて阻止を図《はか》るネオコンの意向であることが、ばればれだ。さらに米オースティン国防長官はゼレンスキーと会談、ウクライナに六〇〇億円の追加軍事支援を確約している。「支援の継続でも責務を果たす」とさらなる追加軍事支援を表明。

これを火に油を注ぐ……という。

プーチンもゼレンスキーも和平合意のテーブルに着こうとしている背後から、テーブルを叩き壊すようなものだ。

むろんトランプとは真逆の行為。その手のうちが、あまりに露骨で世界は失笑している。

＊「死ぬまで戦え！」

しかし、これはあまりに残酷な〝支援〟とはいえまいか。バイデンいやネオコンは、ウクライナ国民に「死ぬまで戦え」と言っている。つまりディープステートにとって、ウクライナ国民が全滅しようが、そんなことは知ったことではない。

武器さえ売れ続けてくれれば、それでよい。実にかんたんなホンネである。

イギリスにもＤＳは巣食っている。〝やつら〟もウクライナにミサイル供与している。

英国の悪魔勢力もゼレンスキーの尻を叩く。

「撃ちまくれ、死ぬまで戦え!」。彼も弱気はみせられない。

言われるままにゼレンスキーは米国製、英国製ミサイルをロシア領内に向けて発射する。

当然、これに対してプーチンも対応せざるをえない。

「やられたらやり返す」近づく第三次大戦の足音

*時計の針は第三次大戦へ

プーチンは「核ドクトリン」の改定を発表した。

「……核使用の要件を具体的に拡大する」「領土の一体性が侵害された場合、核使用も辞さない」

さらに報復措置として一一月二一日、新型多弾頭ミサイルをウクライナ領内ドニプロのミサイル製造工場に向けて発射した。極超音速の弾頭が爆発。二〇一九年、米露が脱退して失効していたINF中距離核戦力全廃条約で禁止されていたタイプだ。

これはゼレンスキーへの威嚇である。この新型ミサイルは〝音速の一〇倍〟で迎撃は不能だ。

当初、ウクライナは「ICBM(大陸間弾道ミサイル)の攻撃を受けた」と発表。世界に一時緊張が走った。プーチンは表明した。

「ロシア軍は最新の中距離ミサイル・システムのテストをした。核は積んでいない」

この反撃の理由とは「ウクライナ軍が米英から供与された中距離ミサイルでロシアを攻撃したからだ」。つまり「やられたら、やりかえす」。

その明確な意思表示だ。

それも〝超音速〟という新型迎撃不能ミサイルを誇示、威嚇している。

＊一〇目標に同時核攻撃も

西側メディアは「再びヨーロッパを核の脅威にさらす」と声をそろえて非難している。

こうして第三次世界大戦に向けて時計の針が動いたことは、まちがいない。

全面核戦争で人類五億人以下にすることを狙っている連中は諸手をあげてガッツポーズだ。

プーチン大統領も声明する。

「……ウクライナの地域紛争は、いまや世界的な性質を帯びてきている」

これまでもロシアはウクライナに対して、戦闘機に搭載したミサイルは使用してきた。

しかし今回発射された新式ミサイルは大型で、目標上空で弾頭が複数に分離する。

それは〝MIRV：個別目標・誘導複数弾頭〟と呼ばれ、個々の弾頭〝子弾〟が目標に誘導されて着弾する。一発のミサイルで複数の目標を同時攻撃する。むろん西側にはない最新兵器だ。これは、もはや迎撃不能……。さらに個々の〝子弾〟は核搭載できるのだ。

つまり一発のミサイルで一〇発の〝核攻撃〟が可能となる。

被弾する側にすれば、一基のミサイルで一〇の目標が、それぞれ核攻撃を受けることになる。

一都市どころか一国家も一瞬で壊滅できる。

これはプーチンのゼレンスキーへの強烈な〝脅し〟となった。

東ウクライナ、ロシア占領地域をどうするか？

＊就任前に終わらせる

トランプが大統領に就任するのは二〇二五年一月二〇日。

「就任前にウクライナ戦争を一日で終わらせる」と強気だ。選挙キャンペーンなので当然だ。

これは、アメリカ国民と世界に向けてのメッセージでもある。

「……バイデンは戦争を望み、私は平和を望む。どちらを選ぶのか？」

世界もアメリカ国民も平和を望む。だからトランプは勝ったのだ。

戦争終結に向けて手をこまねいているわけではない。

トランプが進めるのは〝力による平和〟だ。アメリカの軍事力を背景に、戦争を終結に導く。それはロシアへの無言の圧力となっている。

「……〝力による平和〟こそ正義に基づく平和を現実的に近づける」

トランプにとって戦争終結はたやすい。それはウクライナへの軍事支援を打ち切ればよい。その瞬間、ウクライナ軍は降伏する。まさに弾も矢も尽きるからだ。

しかし、それは一方的にロシアに荷担することになる。

これでは仲介の意味をなさない。

双方の主張、権益、メンツまで考慮して、どこに落としどころを探るのか。

＊国土の二割を占領済み

そこでウクライナ戦争終結のネックとなっているのが東ウクライナ地域だ。

すでに一部はロシアが占領、併合している。

ウクライナは国土の二割ほどをロシアに占領されている。

ゼレンスキーは戦争終結の条件として、占領地域の完全返還を求めている。

しかし多大な血を流して得た領土をロシアが返還し、撤兵するなどありえない。

ゼレンスキーは「ロシアの完全撤退と領土返還しか和平はありえない」と強硬姿勢は崩して

いなかった。しかし二〇二四年一二月、「領土には、こだわらない」と軟化の兆しを見せている。これはバイデンからトランプ政権への移行を見越した上での発言だろう。

さらにロシアの多弾頭超音速ミサイルの威力に恐怖を覚えたのはまちがいない。

……もはや敗北は決定的なのだ。

＊ゼレンスキーの決断

一一月一五日、ゼレンスキーは「トランプ大統領就任でロシアとの戦争は終結が早まる」とトランプ当選に歓迎の意思を表明した。

これはウクライナ公共放送のインタビューに答えたもの。

「……新たに米国を率いるチームの政策によって戦争はより早期に終結するだろう」「これは、彼らのやり方だ」「アメリカ社会との公約であり、これは極めて重要なことだ」

これまで主戦派であったとは思えない。完全にドランプ支持を表明している。

つまりトランプの和平案を受け入れるというサインだ。

彼はこう強調している。

「……来年（二〇二五年）、外交的手段で戦争を終結させる。そのため全力を尽くす必要がある」

英国スターマー首相も一二月二日、「交渉により終結すべき」とこれまでより前向きの姿勢を示した。それまでは「ロシア撤退以外に終戦はありえない」と強硬だった。

その主戦派の英国も和平に転じた。

朝鮮戦争を終わらせた〝三八度線〟〝非武装地帯〟方式

＊休戦ラインで戦闘停止

一一月二七日、トランプ次期大統領は、新設するウクライナ特使として、元陸軍のキース・ケロッグ氏を起用すると発表した。

「軍とビジネスでめざましいキャリアを残した。私と行動をともにしてきた」と実力を激賞している。ケロッグ氏が今後、ウクライナ停戦のキーマンとなる。彼は提案する。

「両国が合意にたっした時点での〝戦線〟で停戦とする」

現在、双方はお互い〝陣取り合戦〟を展開している。

米国の案は、合意時点での〝戦線〟を休戦ラインとする。

だれしも南北朝鮮の休戦ラインを想起するだろう。まさに、この〝三八度線〟方式をアメリカ側は提案している。ケロッグ氏は現在、政策研究機関で共同議長を勤めている。

すでに彼は四月にウクライナ和平案をまとめている。
（1）和平合意後、ロシアに、それ以上の侵攻はさせない。
（2）和平協議参加をウクライナの防衛強化の条件とする。
（3）ロシアを協議の場に参加させるため条件を提示する。
（4）それはウクライナのNATO加盟の長期延期である。

＊占領地に〝非武装地帯〟

九月、J・D・ヴァンス次期副大統領も一つの和平案を提案している。

それはウクライナのロシア占領地域に〝非武装地帯〟（DMZ）を設置し、戦闘を停止するというものだ。これこそ、まさに〝三八度線〟方式だ。

一九五〇～五三年の朝鮮戦争では、最初の一年は激しい戦闘が繰り広げられ、その後、戦線は膠着《こうちゃく》状態に陥った。双方の後ろ盾の米国とソ連は、核保有国同士の緊張と対立を恐れて休戦に向けた協議に着手。五三年七月に、北緯三八度線付近に〝軍事境界線〟を引き、〝非武装地帯〟（DMZ）を設置する休戦協定が締結された。

これこそが、もっとも合理的な和平案と思える。

しかし、これはあくまで仲介役アメリカ側の和平合意案だ。

当然、ロシア側にも言い分、要求はある。

ロシア外務次官リャブコフ氏は一一月二八日、「停戦交渉を受け入れる条件としてプーチン大統領の提案を受け入れること」を前提条件としている。

プーチンはロシアが併合したウクライナ東南部四州からのウクライナ軍の撤退とウクライナのNATOへの加盟断念を求めている。

この二点をウクライナが合意すれば、戦争は終わる……。

イスラエルと中東危機をトランプは終わらせるのか？

＊中東紛争ルーツを知る

現在、世界は二つの大きな戦争を抱えている。

ウクライナと中東戦争だ。前者は、どうやら解決の兆しが見えてきた。

他方、中東戦争は泥沼化の様相を呈している。

こちらの構図は、イスラエルVS.アラブ諸国だ。

その元凶は、イスラエルによるパレスチナ占領にある。それは世界のだれもが認めるところだ。わたしは『日本民族抹殺計画』（ビジネス社）に詳しく書いた。

紛争は民族間の争いだ。戦争は国家間の争いだ。

戦争の前段には、必ず民族間の紛争が存在する。

イスラエルとアラブ諸国がなぜ延々と対立、抗争しているのか？

そのルーツに無知な日本人があまりに多い。まさに井の中の蛙《かわず》、お花畑の住人……。

＊三〇〇〇年前のモーゼ

中東紛争のルーツは、なんと三〇〇〇年以上前にさかのぼる。

キーパーソンがモーゼである。

「……紀元前一六～一三世紀に活躍したと推測されている」「旧約聖書『出エジプト記』などに現れる」（『ウィキペディア』）

当時、イスラエル人の祖先にあたるヘブライ人たちはエジプトでピラミッド建設に奴隷として酷使されていた。

それは約三〇〇年間にもわたる苦役だった。

そこに指導者モーゼが現れた。そして、こう唱えた。

「……ヘブライの同胞たちよ、故郷のカナンの地に帰ろう！」

カナンの地とは、彼らが崇拝する絶対神ヤハウェーが与えてくれた〝約束の地〟である。

その訴えに鼓舞されたヘブライ人たちは、この指導者に付き従った。
その数は数万とも数十万とも言われるが、定かではない。
これが〝出エジプト〟（エクソダス）である。

モーゼ「十戒」から始まる歴史上の悲劇と喜劇

＊「十戒」が諸悪の根源

モーゼはシナイ山でヤハウェーから「一〇箇条」の啓示を得たという。
それが「モーゼの十戒」である。

（1）他神を信じてはいけない。
（2）偶像を拝んではならない。
（3）神の名を妄《みだ》りに唱えるな。
（4）安息日を定め聖日とせよ。
（5）あなたの父母を敬うこと。

(6) あなたは殺していけない。
(7) あなたは姦淫してならぬ。
(8) あなたは盗んではならぬ。
(9) 他人に、偽証するなかれ。
(10) 他人の家を、欲しがるな。

――まあ、通俗的な「教訓」である。これが後に大きな矛盾を生み出すのである。誤解を恐れずに言おう。

「十戒」こそが中東紛争どころか、人類史における諸悪の根源なのである。

＊カナンから出て行け！

おびただしい数のヘブライ人を引き連れて、艱難辛苦《かんなんしんく》の旅の果てカナンの地にたどり着いた。

それが現在のイスラエルの地である。

一説には約四〇年もかかったとも記されている。

ヘブライ人にとってカナンの地は、神ヤハウェーが〝与えてくれた約束の土地〟である。

しかし当然、その地には他人が住み着いていている。現在のアラブ人の先祖たちだ。

そこでヘブライ人たちは「すぐに出て行け！」と要求した。

アラブ人たちはビックリ。「どうしてですか？」「われわれは、この土地に住んでいたのだ」

「……いつごろですか？」「三〇〇〇年前だ」アラブ人たちは絶句した。

「……そりゃ、無茶だ。ありえない」

「そうか、わかった！」

ヘブライ人たちは、そこに住んでいたアラブ人たちを皆殺しにして土地を奪ったのだ。

ここまで読んであなたは、ビックリして苦笑いするしかないだろう。

シオニズム……独善と欺瞞《ぎまん》のイスラエル誕生

＊三〇〇〇年前に住んでいた

「三〇〇〇年前、住んでいたから出て行け！」

これは不動産取引法をひもとくまでもなく暴論というより狂気である。

「……神（ヤハウェー）が約束してくれた」といってもアラブ人たちにとっては、ただ「……？」。

何を言っているのか、理解すら不能だ。

アラブ人たちにしてみれば、逆にこの地は三〇〇〇年暮らしてきた故郷だ。

はい、わかりました……で、出て行けるわけがない。

するとヘブライ人による恐ろしい攻撃、虐殺、略奪、追放が始まった。

ここでわたしは首を傾けざるをえない。

この時点でヘブライ人たちは「十戒」の戒めを、ことごとく破っている。

「偽証するなかれ」「殺すなかれ」「盗むなかれ」……すべてを破戒している。

「十戒」は「他人の家を欲しがってはならない」と戒めているのだ。

＊異教徒はゴイム（獣）

こうなるとブラック・コメディだ。しかし狂ったようにアラブ人を虐殺、略奪、追放するヘブライ人たちは、自分たちがヤハウェーと交わした戒律を破っているなど夢にも思わない。

そこで〝かれら〟は新たな論法をひねりだした。

それは「異教徒は〝ゴイム（獣）〟である」という決め付けだ。つまり、こうだ。

「ヤハウェーが『十戒』で戒めたのは人間同士の約束だ。しかし、やつらはヤハウェーを信じない。だから異教徒は人間ではない。〝ゴイム（獣）〟にすぎない」

ユダヤ教の聖典『タルムード』には、そう明記されている。

異教徒は〝獣〟――まさに傲慢《ごうまん》、まさに狂気、おそれいった〝こじつけ〟だ。

お前らは〝獣〟だから騙していい。盗んでいい。殺していい。

これがヘブライからイスラエルにいたるまで一貫したユダヤの思想なのだ。

〝かれら〟は今も同じことを繰り返している。

カナンの地で先住民を追い出して、かれらはイスラエル王国を建設した。

しかし、それも滅びてユダヤ一二支族は世界にバラバラに散っていった。

〝イルミナティ〟〝フリーメイソン〟……

＊世界闇権力を支配

そして――。二〇世紀。第二次大戦終結……。

またもや「カナンの地に戻ろう！」という国家再建の機運が高まった。これがシオニズム運動である。

ユダヤ人は、その頭脳と狡猾さで、今や世界を裏側から支配する力を手にしていた。

〝イルミナティ〟、〝フリーメイソン〟、〝ディープステート〟……。

世界を闇から牛耳る勢力は、すべてユダヤ金融資本が支配している。

そしてロスチャイルド、ロックフェラーという二大超財閥もユダヤ系だ。

この二つの財閥だけで「世界の富の九割を支配している」とさえ言われる。

そして――。アメリカは〝フリーメイソン〟が建国した国である。

独立宣言に署名した五六人のうち五三名が〝フリーメイソン〟であった。

＊背後のユダヤ黒歴史

世界中のユダヤ人は大国アメリカをバックに、またもやカナンの地を狙った。

当然、そこにはパレスチナ人たちが住んでいる。

「神が約束してくれた土地から出て行け」「いつごろ住んでたのですか?」「三〇〇〇年前だ」

こうなると、お笑いコントの世界だ。しかし、ことは、お笑いではすまない。

戦車、重機関銃で完全装備のイスラエル兵たちは情け容赦なく、先住民のパレスチナ人たちを撃ち殺した。まさにカナンの惨劇がまたも繰り返された。

そして、その無慈悲な殺戮と破壊と追放は今も続いている。

これが中東紛争の背後に横たわるユダヤの黒歴史である。

〝入植〟という〝侵攻〟……追い詰められるパレスチナ

＊闇勢力は黒歴史を隠《かく》す

ここまで読めば、イスラエルVS.パレスチナで、どちらに正義があるか子どもでもわかる。

しかし「知らなかった」「初めて聞いた」という人も多いだろう。

それもそのはず。このような歴史的真実は学校でも教えない。新聞も書かない。テレビも流さない。なぜか？　日本も明治以来、これら〝闇の勢力〟に完全支配されているからだ。

具体的に言えば、（1）〝イルミナティ〟、（2）〝フリーメイソン〟、（3）ディープステート〟の三層支配に完全に組み込まれている。

だからマスコミはユダヤの〝黒歴史〟について、いっさい触れない。

そしてハマスやヒズボラなどアラブ抵抗集団をテロ組織として、激しく糾弾する。

しかし考えてもみてほしい。平和に暮らしているパレスチナの地に、どこかから完全武装した白人たちがやってきて「この土地は三〇〇〇年前に我々の先祖が住んでいたから、今すぐ出て行け！」と言われたら……。そして断ったら情け容赦なく皆殺しにされたら……。

抵抗するのが当然だ。土地も、家も、家族も、友人も奪われたら……。

武器を持って立ち上がるのは当然の成り行きだ。それがパレスチナ解放戦線なのだ。

ハマスですら、やむにやまれず生まれた組織だ。

いかにパレスチナの地がイスラエルに侵略されていったかはご存じのとおりだ。

そしてユダヤ人は狡猾だ。パレスチナ人をガザ地区とヨルダン川西岸地区の二つの地域に分断して押し込んだ。二つに分離することで反抗の力を削《そ》いだのだ。

イスラエルとパレスチナの間では紛争と調停が繰り返されてきた。

たとえば「オスロ合意」、一九九三年、米クリントン大統領の仲介で締結された。

それはパレスチナ解放戦線側に暫定的な自治権を認め、領土を二分しお互いに平和共存するという内容だった。

＊パレスチナ国家を殲滅

しかし、イスラエルは一方的に合意内容を踏みにじり、ヨルダン川西岸地域やガザ地区に〝入植〟と称して〝侵攻〟を強行している。

そのためパレスチナ人の居住区は、さらに狭《せば》められ、劣悪な居住状態に追い詰められている。

イスラエルの宿願は地上からパレスチナ人を抹殺することなのだ。

いわゆる民族浄化（エスニック・クレンジング）だ。

これはマイヤー・ロスチャイルドが二五箇条『世界征服計画』で主張した戦略の一環なのだ。

地球統一政府樹立のため「国家」「民族」「宗教」をすべて滅ぼす。

だからパレスチナ国家を滅ぼすことに、なんのためらいもない。

＊マスメディアでは一切報じられない

アラブ諸国は、なぜ反イスラエルなのか？　なぜパレスチナ支援なのか？

ここまで読めば、だれでもわかるはずだ。

これでも、あなたがイスラエルを支持するというなら、あなたの頭は完全にイカレている。

二〇二三年一〇月七日、イスラエルへの抵抗勢力ハマスが国境を越えて、イスラエルを攻撃した。西側メディアは、これを「卑怯な攻撃」と一方的に非難した。

しかし「オスロ合意」で保証したパレスチナ人居住区に戦車と機関銃で住民を殺しながら〝入植〟を続けるイスラエルは、まったく非難しない。それどころか、これら日常的な侵略と殺戮の実態は絶対に報道しない。それは日本のＮＨＫや朝日新聞なども、まったく同じ。

世界の主要メディアは完全にＤＳにハイジャックされ、腐り果てているのだ。

〝かれら〟は、ハマスをテロ集団となじり、そこまでにいたった経過は一切、目をつぶる。

イスラエル人を皆殺しにしたイスラエル軍

＊一〇・七惨劇の〝真相〟

一〇・七の報道もウソだらけだ。最大のウソは「音楽フェスティバル会場の若者たちを殺戮《さつりく》したのはハマスだった」という報道だ。この会場では「数多くの参加者の若者が銃によって射殺された」と現地メディアも報道。世界中にそれが流され、人々はハマスの蛮行に怒った。

しかし真実はそうではなかった。

なんと地上で逃げ惑う多くの人々を撃ち殺したのはイスラエル空軍のアパッチヘリだった。パイロットは地元の新聞に告白している。

「……地上で数多くの逃げ惑う人々がいて、だれがゲリラか民間人かわからなかったので機銃掃射で皆殺しにした」

このような攻撃はパイロットの独断でできるものではない。

上官から「動くものはすべて撃て！」と命令されたのだ。

ネタニヤフ首相らの狙いは、ハマスの残忍さを世界に見せつけることだった。

＊軍用ヘリ掃射で皆殺し

さらに、真実を述べよう。実は、〝かれら〟はハマスの奇襲を初めから知っていた。エジプト秘密警察は、その不穏な動きを事前に察知。五日前から何度もネタニエフ首相に通告している。なら、国境沿いで盛大な音楽フェスティバル開催を許可するなどありえない。

つまり、その意図は明白だ。音楽会場の若者たちを〝オトリ〟と〝生け贄〟にする。

アパッチヘリの操縦士に地上掃射を命じたのも広場を死体で埋め尽くし、その映像を流して世界にハマスの残虐さをアピールするためだ。

ところが思わぬところから陰謀は露見した。

まず良心の呵責《かしゃく》に耐えかねたヘリパイロットが同国メディアに告白してしまった。

重ねて物証もある。それがフェスティバル会場の駐車場の光景だ。

ほとんどの車がグシャグシャに破壊され、原形をとどめていない。

ハマスの機銃でこうはならない。まぎれもなくアパッチ軍用ヘリから機関砲やロケット弾で無差別攻撃を受けた証拠だ。おそらくハマスの奇襲から逃れるため、何人もの人々が車の中に避難し、隠れていたはずだ。彼らは無情にもアパッチヘリからのロケット弾で、車ごと粉砕されたのだ。

「我々はヒューマン・アニマルと戦っている」

＊パレスチナ領土回復！

それ以来、ガザ地区での破壊と殺戮は口にするのもおぞましい。

ガザ地区は、すでに一面瓦礫《がれき》の山と化している。

イスラエル軍による無差別攻撃で、四万人ものパレスチナ人が虐殺されたという。

そして、その四割は子ども……。だから一万六〇〇〇人の子どもたちが〝殺された〟。

世界中で「虐殺をやめろ！」「フリー！（解放）パレスチナ」の声がまき起こっている。

しかしネタニヤフ首相らは、少しも動じない。〝かれら〟は堂々とこう公言している。

「……我々はヒューマン・アニマルと戦っているのだ」

これは「人間の格好をした〝獣〟と戦っている」という意味だ。

ユダヤ教の原理を思い出してほしい。「異教徒は〝ゴイム（獣）〟である」。

「パレスチナ人は人間じゃない」「外見が人間に見えるだけだ」「やつらは動物（アニマル）なんだ」

だから子どもであろうと、いくら殺してもかまわない。

あなたは、これでもイスラエルを支持するのか……？

その紛争の解決は、パレスチナに領土と安全を保証することが第一歩だ。

トランプ、イスラエル寄りの大使を指名

＊イスラエルは歓迎

一一月一二日、トランプ次期大統領は、駐イスラエル大使に元アーカンソー州知事のマイク・ハッカビー氏を指名した。

さらにゴルフ仲間のS・ウィトコフ氏を中東問題担当の特別大使への起用を発表。

「……ハッカビー氏は中東に平和をもたらすために休むことなく働くだろう」（トランプ）

しかしかれは「政策を決定するのは私でない。私は大統領の政策を実行していく」。

この時点でトランプがイスラエルとハマスの戦争に対して、どのようなアプローチをとるのか、明確には示していない。

トランプ陣営もこの根深い対立の解決策を模索しているようだ。

「……イスラエル政界の右派戦略は、次期大統領がハッカビー氏を駐イスラエル大使候補に上げたことを歓迎している。パレスチナ・ヨルダン川西岸地区の領土を保持し、入植地を拡大するというイスラエルの長年の目標にとって、アメリカの次期政権の政策が非常に好都合なものになることをハッカビー氏の起用が示していると見ている」（『BBC NEWS』）

＊和平は遠のくのか？

トランプ新人事がイスラエル側を喜ばせた理由は以下のとおりだ。

「……ハッカビー氏はかねてから将来、誕生するかもしれないパレスチナ国家の一部となりうる領土に、イスラエル入植地を拡大するという多くのイスラエル人の野望を一貫して支持してきたからだ」（同）

これは結局、パレスチナ人には住む土地を与えない……ということだ。

「……二〇一七年、ヨルダン川西岸地区にある最大規模のイスラエル人入植地の一つで行われた定礎式のあとに行われた記者会見で、ハッカビー氏はこう述べた。『入植地というものは存在しない。これらはコミュニティであり、近隣地域であり、都市だ』『占領というものは存在しない』」

これには言葉がない。残念ながら第二次トランプ政権は、イスラエルVS.パレスチナ戦争では、完全にイスラエルに軸足を置くことはまちがいない。

それは全アラブ諸国を〝敵〟に回すことになる。

はたしてトランプは、それを望んでいるのか？

ハッカビー氏の起用は、まさにイスラエル寄りのサインだ。

しかし、一月二〇日、就任以降にそのポリシーは変わらないのか？

少なくともガザ地区の大量虐殺をやめさせる〝サプライズ〟を期待したい。

ＢＲＩＣＳ台頭、一〇〇〇年の白人支配が遂に終わる

＊ロシア包囲網の破綻

トランプがイスラエル支持を就任後もつらぬくのか？

疑問符がつく。なぜならアメリカの未来に重大な影響を与えかねない巨大なうねりが台頭してきたからだ。それがＢＲＩＣＳの勃興だ。

ブラジル、ロシア、インド、中国、南アフリカ……。これらの国々は、これまで欧米からは発展途上国などと蔑《さげす》まれてきた。

しかし事態は一変している。そのきっかけとなったのがウクライナ戦争だ。

ロシアのウクライナ侵攻に対して西側諸国はロシア包囲網を訴えた。

いわゆる〝ロシア制裁決議〟だ。

まずドル貿易体制からの排除。それまでドルは世界の基軸通貨であり、とりわけ石油貿易決済はドル以外で不可能だった。いわゆるドル石油体制だ。そして、続くロシアの石油・天然ガスのボイコット。

ところが、この経済制裁に大きな綻《ほころ》びが生じた。

＊欧州は一転苦境に

ロシア包囲網の一環となるはずだった中国、インドが制裁を〝保留〟したのだ。

正式にBRICS加盟申請中の国々　★はOPECプラスメンバー

アルジェリア(★)	バングラデシュ	アルゼンチン
バーレーン(★)	イラン(★)	ベネズエラ(★)
エジプト	カザフスタン(★)	ベトナム
クウェート(★)	ナイジェリア(★)	キューバ
モロッコ	セネガル	ホンジュラス
パレスチナ	エチオピア	インドネシア
サウジアラビア(★)	ベラルーシ	タイ
UAE(★)	ボリビア	

出典：『The role of medicine』Basil Blackwell

実質、制裁拒否だ。EU諸国は「ロシアの石油は買わない」と通告。するとロシアは「売ってあげないよ」と反論。まるで子どものケンカのようになってしまった。

こうして欧州各国はエネルギー枯渇に陥った。

そして中国とインドはロシアから安く石油を潤沢に供給される漁夫の利を得た。

エネルギー苦境に陥ったヨーロッパ各国に対して、プーチンはこう通告した。

「……石油、天然ガスが欲しければルーブルか金を持って来い」

まさに形勢逆転。欧州各国の惨敗だ。

こうしてウクライナ開戦で暴落すると思われていたルーブルは二倍以上に暴騰した。

このロシア包囲網の失敗は、逆にロシア、中国、インド……などの結束を一気に強めた。

この三国を合わせただけで人口は三〇億人を軽く超えるのだ。

反グローバリズム勃興、悪魔支配が終わる

＊中・露・印の三極体制

さらにロシア、中国、インドに共通するのは反グローバリズムである。

現代世界の対立項は——グローバリズムVS.ローカリズム——なのだ（3ページ図参照）。

言うまでもなくグローバリズムの正体は、ディープステートである。

マイヤー・ロスチャイルドに端を発する〝闇の勢力〟だ。

世界人口を五億人以下に削減して国家、民族、宗教を滅ぼし、世界統一政府を樹立する。

そのとき地球は人類家畜社会と化す。

これが〝やつら〟の究極目標ＮＷＯ（新世界秩序）なのだ。

この悪魔的な企みにロシアも中国もインドも気づいた。そこで三国は手を結んだ。

この大国の三極に南の国々が次々に参加を表明している。

こうしてＢＲＩＣＳは、まさに雪だるま式に急拡大を続けている。

＊殺し合いより金儲け

アフリカ諸国は、全大陸をあげてＢＲＩＣＳへの参加を表明。

驚くべきはアラブ諸国がアラブ連合で一致団結し、ＢＲＩＣＳ参加を決定したことだ。

内紛、反発、戦争が絶えなかったアラブ諸国がほとんど一瞬にして団結し、ＢＲＩＣＳへの参加表明を行った。奇跡としか言いようがない。

加えてイスラム協力機構（ＯＩＣ）五七か国がＢＲＩＣＳ参加を決定している。

これらアラブ諸国の歴史的和解の背景に中国の習近平の仲介が存在する。

これまで覇権国家アメリカが傘下の国々にもたらしたのは「紛争」「戦争」「貧困」だった。

しかし習近平は違った。「和解」「経済」「成長」だ。「殺し合うより、金儲けしましょう！」。

そのキャッチ・フレーズがわかりやすい。

——バイバイ！　アメリカ、ニーハオ！　チャイナ——

反対する者などだれ一人いない。こうして第三世界の国々はＢＲＩＣＳに殺到している。

＊グローバルサウス経済圏

これらの国々の特徴は、発展途上国、有色人種……かつて欧米の植民地であった。

もう白人たちの支配、搾取は許さない。こうして一〇〇〇年前の十字軍遠征、五〇〇〇年前の大航海時代以来、騙され、弾圧され、搾取されてきた国々がいっせいに立ち上がったのだ。

こうして、欧米を排除した広大な経済圏が誕生した。

共通するのは貿易決済でのドルの排除だ。

米国の軍事力（脅し）を背景にした〝石油ドル〟体制は急速に崩壊に向かっている。

そして、それに替わる国際基軸通貨として台頭してくるのがＢＲＩＣＳ新通貨だ。

それは金本位制、あるいは資源本位制になると見られている。

世界経済の欧米支配が急激に崩壊に向かっている。

代わりに出現したのが〝グローバルサウス〟経済圏だ。

これら有色人種の勃興のうねりは、もはやだれにも止められない。

トランプはBRICS協調路線で第四極に？

＊中露印の三極体制

それに反比例して欧米の凋落は目を覆うばかりだ。

経済は破綻し、不法移民が溢れ、治安は悪化し、国力は衰退している。

つまり一〇〇〇年以上にわたり、人類史を支配してきた白人国家が没落を始めたのだ。

それにつれG7、EU、NATOなども急速に求心力を失っている。

すでにBRICSのGDPはG7を追い抜いている（次ページグラフ）。

そして中国の経済力は、実質アメリカを抜いて世界トップに立っている。

ウクライナ戦争を耐え抜いたロシアも広大国土の無尽蔵ともいえる資源に恵まれている。

インドも若者たちの成長へのエネルギーと熱気はすさまじい。

この三大国の三極が未来世界の新たな中心軸となるだろう。

そこで気になるのがトランプ・アメリカの今後の動向だ。

就任前の時点でイスラエル・ハマス戦争では、イスラエル寄りの姿勢を鮮明にしている。

しかし、そのスタンスがいつまで続くだろう？

＊米加入で四極となる!?

中露印に共通するのはローカリズムだ。

つまり一国主義。わかりやすくいえば、愛国主義だ。それは、まさにトランプのオハコだ。

「アメリカ、ファースト！」

「メイク・アメリカ・グレート・アゲイン」

雄叫びは第三世界や発展途上国の人々をも奮

世界のGDPシェア（%）　没落する欧米G7 VS. 台頭するBRICS

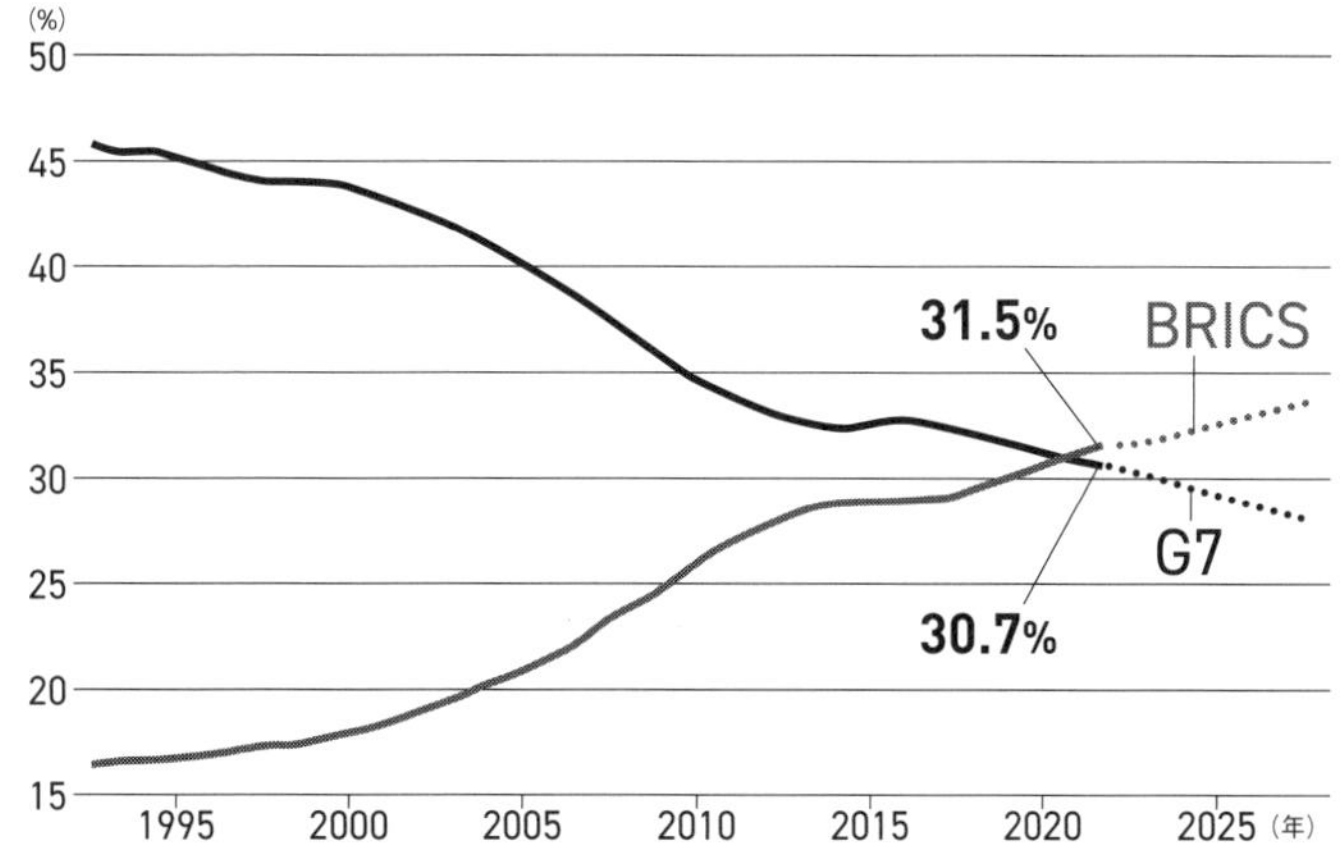

出典：「ビジュアル・キャピタリスト」統計資料より

い立たせた。

それこそグローバリズム悪魔の企みを打ち砕くパワーを秘めている。

〝イルミナティ〟〝フリーメイソン〟〝DS〟の黒い陰謀など一撃で粉砕するパワーに満ちている。

そこで問題となるのがトランプのイスラエル支持のスタンスだ。

それはアラブ諸国を敵に回すことになる。

さらにアラブを支援する習近平とも距離を置きかねない。

ウクライナ侵攻後のロシア包囲網を逆手に取ったプーチン大統領に対して、トランプは「あいつは実に頭がいい！」と絶賛。つまりプーチンとは同志的なつながりを抱いている。

プーチンも暗殺未遂事件で立ち上がり拳を振るったトランプに「感銘した！」と率直に驚嘆している。

中国に対してもトランプは表向きは強硬な姿勢を見せている。

しかし、今や盟友のイーロン・マスクはEV開発と普及において習近平政権とは、極めて良好な関係を維持している。――友の友は友――なのである。

そしてトランプは一月二〇日、大統領就任式に習近平主席を正式招待する意向を示している。

……雪解け、そして蜜月は近そうである（ただし習主席は欠席の予定）。

＊ネタニヤフに逮捕状

一一月二一日、ネタニヤフ首相に国際刑事裁判所（ＩＣＣ）は逮捕状を発行した。

罪状は――ガザ地区での無差別な大量破壊と虐殺である。

「……戦争手段として飢餓という戦争犯罪に、刑事責任を負うと信じるに足る合理的な根拠があると判断した。さらに食料や水、電気、燃料、特定の医療物質の不足がガザでの民間人の一部の破壊をもたらす生活条件をつくりだし、その結果、子どもを含む民間人の死亡をもたらしたと信じるに足る合理的根拠がある」

以上が逮捕状発行の根拠である。

ＩＣＣのカリム・カーン主任検察官は五月二〇日、「ネタニヤフ首相らに逮捕状を請求する」と発表していた。それが、ついに実行に移されたのだ。

国際刑事裁判所は国境を越えた犯罪を摘発起訴するために設立されている。

現在一二四か国が加盟している。

この逮捕状の発行でネタニヤフは、これら加盟国に立ち入ると、たちまち身柄拘束され逮捕されることになる。

さらに一一月二〇日、国連安保理は、非常任理事国一〇か国が「ガザ地区での即時停戦と人質の解放」を求める決議案を提出。採決では、この一〇か国と常任理事国ロシア、中国、フランス、英国の計一四か国が賛成したが、バイデン政権の米国が拒否権を行使し、否決された。ガザ地区に平和を望む声に反対しているのはイスラエルと米国のみとなっているのだ。

＊地球は中露印米の四極に？

――これからは、わたしの希望的な推測だ。

トランプは、表向きイスラエル支持を打ち出している。

しかし、そのトップが国際刑事裁判所から大量殺戮重罪で逮捕状が発行されているのだ。

いわばトランプは、大量殺戮を犯した刑事犯罪人を〝支持〟していることになる。

ガザ地区の即時停戦は世界の圧倒的な世論である。

賢明なトランプは、この流れを十二分に理解しているはずだ。

そしてイスラエルの背後にディープステートの黒幕が潜んでいることも当然知っている。

だからトランプが新政権を発足させたらＢＲＩＣＳ寄りの政策をとることはまちがいない。

中露印とともにトランプと同じ一国主義（ローカリズム）なのだ。

まさに同志たりうる。さらにＢＲＩＣＳと協調路線を組むことで、新しい経済圏〝グローバルサウス〟の一画を形成することが可能となる。それは、アメリカ参加で太平洋をまたぐ巨大経済圏となる。いわば〝グローバル・パシフィック〟の誕生だ。
さらに彼はアメリカ経済活性化の強力な〝エンジン〟を得た。
それが唯一無二のパートナー、イーロン・マスクだ。
彼の未来構想は、すべてアメリカの未来構想となる。
これからの地球社会は——中露印米の四極となる——。
そのとき、地球を支配してきた悪魔勢力はどうなっているか？
消滅して痕跡すら残っていない。
そんな……未来に心を躍らせながら待ち望んでいこう！

第9章　日米安保は終わる？トランプ提案で日本は独立国家に！——日本が生き残る道は小武装、中立、非同盟、そして全方位外交

「ほんとですか!?」日本人はびっくり仰天

＊日米安保終焉《しゅうえん》は近い

ロバート・ケネディ・ジュニアは、大統領候補時に以下のように公約している。

「……私が大統領になったら、真っ先に世界八〇〇か所の米軍基地をすべて閉鎖する」

また、トランプは大統領職にあったとき、安倍晋三首相とは昵懇《じっこん》だった。

そのとき、口癖のように言っていた。

「……シンゾー、日本はもうそろそろ独立する頃だろう。なんで、やらないんだ？」

いずれも日米安保条約の終結を提案しているのだ。

その二人が次期アメリカ政権の中枢にいる。

だから、わたしは確信する。日米安保体制の終焉は近い……。

早ければ二〇二五年内にトランプ政権は、日本に提案してくるのではないか。

「――日米安全保障条約の終結を提案したい」

それは、ちょうど日本敗戦から八〇年目の節目となる。

＊日本には青天の霹靂《へきれき》

試みに何人かの日本人に語ってみた。

「……日米安保が終わるらしいよ」

「……エッエーッ！　ほんとですか？」

例外なく目を真ん丸にする。その驚きが伝わってくる。

それは、かれらにとって青天の霹靂《へきれき》なのだ。

そこでロバート・ケネディ・ジュニアの選挙公約、トランプの安倍首相への提案などを解説する。それでも相手はショックを隠しきれない。動揺を抑え切れない。ただ黙り込んでいる。

そろそろ、われわれ日本人は目を覚ますときである。

世界情勢は、めまぐるしく急速に変化している。

かつての日進月歩は、今や秒進分歩なのだ。

〝やつら〟は世界大戦まで計画し実行した

＊日本敗戦も予定どおり

一九四五年八月一五日、日本は連合国に無条件降伏した。

日本軍は武装解除された。占領政策としてＧＨＱ（連合軍総司令部）が設置された。

連合国二六か国を代表してアメリカが占領政策を遂行した。

厚木基地にレイバン・サングラスにコーン・パイプの総司令官マッカーサーが降り立った。

この瞬間、彼は日本人にとって〝神〟となった。

現人神《あらひとがみ》天皇ヒロヒトの神座は、この白人の長身男性に移行したのだ。

実は、この日本敗戦も〝かれら〟のシナリオに組み込まれていたのだ。

〝かれら〟とは世界の〝闇の勢力〟だ。

＊〝黒い教皇〟の予告

明治維新から三年後にあたる一八七一年、フリーメイソンの〝黒い教皇〟と呼ばれたアルバート・パイクは驚愕の予告をしている。

「……これから起こる三つの世界大戦は、〝フリーメイソン〟が計画して起こす」（『パイク書簡』）

パイクは各々の大戦をどのように仕掛けて、どのように終わらせるか、具体的に述べている。

そして――、驚くことに第一次、第二次大戦はパイクの予告どおりに起こっているのだ（拙著『維新の悪人たち』共栄書房）。

闇の悪魔勢力にとって、世界大戦を起こすことも可能なのだ。この恐ろしい現実を直視しなければならない。「陰謀論」と指差しあざ笑うなどは、まさにお花畑の住人レベルなのだ。

だから太平洋戦争の開戦……真珠湾攻撃も、〝やつら〟にやらされたのである。

＊暗号文はすべて筒抜け

『真のユダヤ史』（ユースタス・マリンズ著　成甲書房）は必読である。

冒頭にこうある。「……大日本帝国が、第二次世界大戦へと巻き込まれていく背後にあった真実を日本人は本書で初めて知ることになる……」

真珠湾攻撃を計画したのはだれか？　それはアメリカだった。

日本に最初に攻撃させる。そしてアメリカ国民の反日世論を高める。

これがアメリカを背後から操る悪魔勢力の計画だった。

「……ルーズベルト政権は、貿易などの経済制裁を用いた日本に対する一連の挑発行為を通じて、むりやり日本に太平洋地域の米保有財産を攻撃させようと謀《はか》りました。ルーズベルトが日本軍の暗号を解読ずみであったため、ホワイトハウスには敵対行為が、いよいよ勃発するのに先立って、日本側交信をすべて秘密裡に明かされていました」（同書）

——以上は、いまや世界史の〝常識〟である。

「この国の〝サル〟たちを支配する」（トルーマン大統領）

＊3S政策で手懐《てなず》ける

日本人として絶対に忘れてはいけない言葉がある。

「……われわれは、この国の〝サル〟たちを支配するのだ」

これは広島、長崎への原爆投下を命じたトルーマン大統領の声明だ。

ちなみに彼は〝フリーメイソン〟の大物である。

「……われわれは、この国の〝サル〟たちを『スポーツ』『スクリーン』『セックス』の３Ｓ政策で手なづけ、徹底的に働かせて搾取するのだ。それは占領国としての特権である」

この大統領の目には、日本人は人間ではなく、〝サル〟にしか見えていなかった。

これはイスラエルのネタニヤフ首相らがパレスチナ人を〝アニマル〟と呼んだのと同じだ。

いずれも人間を〝動物〟とみなす政治指導者たちなのだ。

〝かれら〟は、比喩や譬《たと》えで言っているのではない。

本当に信じて、本当にそう見えるのだ。

下の写真は、先住民アボリジニを狩猟した〝獲物〟を自慢する白人だ。オーストラリアを征服した〝かれら〟にとって、アボリジニはハンティングで楽しむ〝動物〟にすぎない。

だから猟果のコレクションを自慢しているのだ。

残酷な壁飾り。ハンティングの猟果に自慢気な白人

＊日本人は〝家畜〟だった

はやく言えば、戦後の日本人は〝かれら〟にとって〝家畜〟だった。

だから真実など教えるわけがない。ただ、そこには巧妙、狡猾な心理的な〝洗脳〟が仕掛けられていた。まずA級戦犯八人を絞首刑にして、占領国の恐怖を日本人に植え付けた。

他方で、Ａ級戦犯容疑者三名を巣鴨プリズンから密かに釈放した。

岸信介、正力松太郎、児玉誉士夫を……いずれもＣＩＡ工作員とした。

さらに岸を内閣総理大臣、正力を原子力委員長、児玉を右翼目付役に各々配置したのだ。

このとき、かれらは「絞首刑か？　対米協力か？」の踏み絵を踏まされた。

岸信介に与えられた役割は首相となって、日米軍事同盟を締結することであった。

さらにＣＩＡ工作員とされた岸には、一五年間にわたって巨額の対日工作資金が送金された。

その総額は、約一五〇〇億円（米公開機密外交文書）。

これが自民党の設立資金となった。

つまり自民党の元々の正体は、ＣＩＡによる対日工作機関にすぎなかった。

日米安保……米軍の正体は〝占領軍〟である

＊銃口は千代田区に……

一九六〇年一月一九日、日米安全保障条約（安保条約）が締結された。

「日本とアメリカの安全保障のため、日本本土に米軍が駐留することなどを定めた軍事同盟」であった。

建て前は——。

「……外部からの武力攻撃に対して、日本を防衛する義務をアメリカが負うことを明記するとともに、日本の施政権下にある領域内でアメリカ軍が武力攻撃を受けた場合に、それを防衛する義務を日本が負うことも規定し、平等相互の援助条約となった」（『グーグル』）

しかし安保条約には「米軍は、日本人の生命、財産を守る」という条項は一文もない。

本気で日本を守る気はあるのか……？　疑問だ。

条約に署名したのは、言うまでもなくＣＩＡ工作員でもあった内閣総理大臣、岸信介である。

こうしてかれは巣鴨プリズン釈放の交換条件を完遂したのだ。

やがて日本全国に米軍基地が建設され、大量の米軍が今も常駐している。

はたして日本を〝守る〟ためなのか？　日本を〝再占領する〟ためではないのか？

そういう議論はつきない。

「米軍の銃口は千代田区に向けられている」という指摘もあるのだ。

これは、米軍が実質、日本を永遠に軍事占領している……という警告だ。

つまり「日本に勝手なことはさせない」「アメリカの意志に従ってもらう」。

＊予算の八割？「特別会計」

アメリカは日本の独立を許さない。

トルーマン大統領の〝サル〟占領政策に基づき、日本を永久支配する。

その実効支配が「日米合同委員会」だ。日本における最高意志決定機関である。

国会も内閣も、逆らえない。何の権限も及ばない。

そしてすべての日本人は、その〝存在〟すら知らなかった。

もう一つの日本支配が「特別会計」の存在だ。はやく言えば、財政の〝裏金〟だ。

われわれは国会中継などを見て「予算国会」が開かれ採決されると、その金額が日本の国家予算と思っている。これが「一般会計」だ。

ほぼ一〇〇兆円が採決される。だから、すべての国民は「日本の国家予算は一〇〇兆円だ」と思っている。しかし、そうではない。他に〝裏金〟があった。それが「特別会計」だ。……ナント四〇〇兆円くらい、あるらしい。というのも国会も内閣も、だれ一人、これをチェックできない。金額がいくらで、何に使われているのか？　まったく、わからない。

＊石井紘基議員の殺害

あなたは信じられるか？　表のカネの四倍ほどの〝裏予算〟が日本に存在してきた。

そして、これを国会も内閣もチェックできない。国民はその存在すら知らない。

もはや、こうなるとブラック・ジョークだ。日本は国家とはいえない。

この「特別会計」の闇に果敢に挑んだ勇気ある人物がいる。民主党議員だった石井紘基《こうき》氏。

彼は「特別会計」の使途を徹底的に調べ上げた。

その資料は段ボール二〇〇個にたっしたという。

そして――。この〝裏金〟を国会で追及する予定だった。その三日前、彼は自宅玄関で斬殺された。警察は右翼による個人的怨恨と発表。しかし、だれも信じる者はいない。

これは〝闇の勢力〟による口封じ、そして見せしめだ。

ある事情通の人物は嘆息した。

『……アメリカは、『特別会計』から六割は〝抜いて〟ますワナ……」

いったい、いくら〝抜かれて〟いるのか？　だれにもわからない。

ノーチェックだから、やりたい放題、盗りたい放題なのだ。

＊独立許さぬ〝マルウェア〟

エドワード・スノーデンは、〝闇の勢力〟に立ち向かう英雄である。

アメリカ最大のスパイ組織ＮＳＡ（国家安全保障局）に勤務していたかれは、この組織があらゆるアメリカ国民を盗聴していることに驚愕。その〝国家犯罪〟を内部告発した。

彼の告発内容に驚くべき真実があった。それは日本の独立に関わる〝謀略〟だった。

「……もしも、日本がアメリカから独立しようとしたら、阻止するプログラムが発動します」

それは、どういうことか？

「……全コンピュータ・システムに〝マルウェア〟という〝ウイルス〟が仕掛けられている。ＮＳＡが〝オン〟すると、日本全体の電力、通信、軍事、経済、交通……あらゆるコンピュータ網がシャットダウン。日本は一瞬でブラックアウト。国家機能を喪失します。だから日本はアメリカ支配から永遠に逃れることはできない」（スノーデン）

……つまり軍事面だけでなく、情報面からもアメリカから完全支配されているのだ。

最高の意志決定機関は日米合同委員会である

＊国会、内閣に権限なし

他方でGHQは極秘に〝プレス・コード〟を設定、日本の言論統制を徹底した。

メディア、出版、芸能、映画……あらゆる分野で反米的な表現などを徹底的に取り締まった。

さらに〝WGIP（ウォー・ギルト・インフォメーション・プログラム）〟により、〝サル〟たちの〝洗脳〟に努めた。これは「戦争責任はすべて日本にあった」という心理的〝刷込み〟である。

考えてもみてほしい。フリーメイソン〝黒い教皇〟は「世界大戦は、われわれが計画して起こす」と明記している。真珠湾攻撃も〝やつら〟の謀略だった。

しかし〝WGIP〟による〝洗脳〟で、日本人は「一億総懺悔」させられたのだ。

そして一九五一年、サンフランシスコ講和会議で日米平和条約が締結され、日本は〝独立〟した……ことにされた。

しかし、日本の最高意志決定機関が密かに設立されていた。

それが「日米合同委員会」である。毎月二回、東京の山王ホテルで開催される。

内容は極秘で国民はまったく知ることが不可能。ここに出席するのは在日米軍の大将クラス。

外務省北米課の官僚たち。この場でアメリカ側は日本側に、さまざまな〝命令〟を通告する。

いっさいの反論、拒否は許されない。

その内容が「日米地位協定」に記載され、日本側は順守、実行しなければならない。

＊首相も「知らなかった」

自民党と政権交替した民主党の鳩山由紀夫首相は驚きの発言をしている。

「……総理大臣に就任して初めて知った。日本には『日米合同委員会』という組織があって、
そこで、すべてが決定されていた。国会も、内閣も、何の権限もなかった！」

総理大臣が「初めて知った」と驚いている。

いかにこの組織が巧妙に隠蔽されてきたかが、よくわかる。

その理由もかんたんだ。メディアが一切、その存在に触れなかったからだ。

だから日本の最高機関トップの内閣総理大臣ですら〝知らなかった〟とたじろいている。

この一事をしても、戦後の日本は独立国家ではなかった。

しかし……。ここまで読んで、あなたは全身の力が抜けてしまったはずだ。

戦後の民主主義〝幻想〟も吹き飛んでしまっただろう。

つまり戦後ニッポンの政治は、すべて〝カリカチュア〟（戯画）だった。

日本はまさにアメリカの属国か、属州か……はたまた奴隷国家か……。

戦後八〇年……ようやく日本は独立国家になれる

＊トランプ、ＲＦＫ、マスク

……まさに、がんじがらめ。何から何まで日本はアメリカに支配され、盗まれ続けてきた。

トランプは、それを見かねたのではないか。

「……シンゾー、そろそろ独立すべきだ」

安倍首相に会うたびに言っていたという。そしてトランプ当選。さらに世界の米軍基地撤廃論のロバート・ケネディ・ジュニア（ＲＦＫ）も政権に参加した。

新政権三人衆の一人イーロン・マスクも平和主義者だ。戦争ではなく、技術による競争を提案している。そして親日家だ。日本のラーメンを好み、アニメの大ファンだ。

彼は愛する日本の行く末を心配している。

「このままでは、日本は消滅してしまう」「そうあってほしくない」「未来の世界を導くのは日本人なのだ」

彼は、日本人の「正直さ」「勤勉さ」「穏やかさ」を高く評価している。

三人は愛する日本の独立を心から祝福するはずだ。

＊巨大赤字で軍事費削減

日本に独立を促すには、アメリカ側の事情もある。

それが莫大な双子の赤字だ。トランプがマスクを財政効率化省トップに起用したのも、危機的な財政赤字を立て直すためだ。

「二兆ドル削減」「政府機関七五％減」……そんなこと可能か？　しかしマスクは言う。

「これをやらないとアメリカは崩壊する」

そしてかれの財政効率化の目標の一つが国防総省（ペンタゴン）なのだ。

RFKが世界八〇〇か所の米軍基地を全廃すると公約した理由の一つが巨大財政赤字だ。

現在のアメリカには、これだけの軍事費をまかなう余裕などない。

それまで出血多量の状態で多額の軍事予算を垂れ流してきた……。

それは、まさにネオコンの圧力と脅し以外のなにものでもない、さらにトランプは「アメリカ、ファースト！」の一国主義だ。

その不干渉主義と、ＲＦＫの世界から米軍撤退は軌を一にしている。

＊トランプは平和主義

重ねて言うがトランプは、戦争反対の平和主義者だ。

口では威勢のいいことを言う。しかし心優しいヒューマニストだ。

第一次政権の任期中、アメリカは一度も戦争をしていない。

それまでのブッシュやオバマと比べれば、一目瞭然だ。

「ウクライナ戦争を一日で終わらせる」と発言したとき、記者から「どちらが勝つのか？」と質問され「勝ち負けなど、どうでもいい。今も命が失われているんだ!!」と声を荒げた。

彼の平和志向は、まさに戦争屋バイデンと真逆だ。

ブッシュ、オバマ、バイデン……は、まさに軍産複合体（ネオコン）の言いなりだった。

背後に潜む悪魔勢力にとって、戦争は〝金儲け〟と〝人殺し〟――つまり〝人口削減〟と〝巨大利益〟。一挙両得の荒稼ぎ。「殺しまくる」「奪いまくる」。

そして行き着く先は宿願のＮＷＯ（新世界秩序）の人類家畜社会なのだ。

〝ポスト安保〟をシミュレーションしてみよう

＊それはありえない！

「……日米安保が終わるかもしれないヨ」。ためしに知り合いに言ってみるといい。相手は例外なく絶句するはずだ。そんなこと考えられない。ありえない。

まさに日本人は〝ゆで蛙〟状態……。予見能力、対応能力……をいちじるしく喪失している。不思議なのは、日本の政治家、知識人と称する人々からも〝安保の終わり〟という言葉が、いっさい聞かれないことだ。

彼らは、この日米安保体制が未来永劫続くと心底、思っているのではないだろうか。

かつては世界から「日本人は頭がいい」と称賛されていた。しかし今の日本はどうだ……。想像力、予知能力が完全に欠落している。これも偏差値〝狂育〟の結果ではないだろうか？

わたしは『フリースクール革命』（ビオマガジン）にこう書いた。

――暗記力一〇〇％、思考力〇％――

シミュレーションとは、未来を想定することだ。

日米安保がなくなったら、日本はどうなるのか？

さまざまな分野で激変が起こるだろう。よく予測不能の事態が起こったという。

それは予測していなかった言い訳にすぎない。昔から言うではないか「……転ばぬ先の杖」。

それほど深刻に考えることはない。

このシミュレーションは一種の頭の体操。一種の〝ブレイン・ストーミング〟だ。

完全な正解はないだろう。それぞれ思い、想像力を働かせてイメージをぶつけあう。

これが今の日本人に一番必要な、頭の〝筋肉体操〟かもしれない。

――では、〝脳の筋トレ〟開始……！

＊九万人近い米軍関係者

まっさきに思うのは「軍事力はどうなる？」。いわゆる防衛力だ。

「……在日米軍は、日本との『平和条約』（第六条）と『日米安全保障条約』（第六条）および『日米地位協定』に基づき日本国内に駐留するアメリカ軍である」

そして駐留米軍には、最優先の特権が与えられている。

「……米軍は、『地位協定』の決まりに基づき、『日米合同委員会』の合意があれば、自衛隊基地や民用地などの日本の施政権下にある施設や区域を使用することができる（同協定第五条と政府見解より）。日本の施政権下にある空港と港を全面的に利用する権利が与えられる」

さすが〝占領軍〟、日本の施設も土地も使い放題なのだ。

では、日本にどれだけの米兵がいるのか？

陸海空と海兵隊あわせて三万六七〇八人（二〇一九年、表参照）。

これに加えて五〇七八人の軍属が国防総省により日本で雇用されている。

さらに軍人と軍属の家族が四万四二八九人にのぼる。

これら在日の軍関係者の総数は、八万六〇七五人となる。

＊みかじめ料「思いやり予算」

つまり、九万人近い軍人と関係者が日本で暮らしていることになる。

その住居や給料、生活費など相当の金額にたっするだろう。

在日米軍駐留人数　戦後80年、ようやく長い“占領”が終わる

軍種	兵員数
アメリカ陸軍	2,501
アメリカ海軍	6,766
アメリカ空軍	12,490
アメリカ海兵隊	14,951
合計	36,708

出典：外務省発表「米国人等の居住者の人数（2019年）

それは、すべて米軍がまかなっている、かと思えばそうではない。

「思いやり予算」という用語、聞いたことがあるはず。米軍に駐在費の相当額を、日本は負担している（させられている）。

一説には「軍隊を日本に置いておけば、給料など日本政府が負担するので本国より安上がり」という。アメリカとしては〝用心棒代〟くらいに考えているのだろう。

ヤクザの世界でいえば〝みかじめ料〟だ。

安保条約が廃棄されたら、これらの米軍関係者は、本国にお帰り願う。

兵器や装備も持って帰国するだろう。

「……守ってくれる米軍がいなくなった」「中国が攻めて来るぞ」

流言飛語が飛び交うだろう。だからシミュレーションが必要なのだ。

今から安保条約が消滅したとき、日本の国防をどうするか？

徹底した議論が必要だ。しかし、そんなことを言い出す人は見当たらない。

まさに日本人全体が極楽トンボと化している。

＊非武装の〝お花畑〟

わたしの持論をここで、はっきり述べておく。

日本が生き残る道は……。

――(1)小武装、(2)永世中立、(3)非同盟主義、(4)全方位外交、(5)BRICS加盟――

(1) 小武装

かつて社会党などが「非武装・中立!」を叫んできた。わたしも、まったく同感だった。平和憲法の下、武器を捨てて全世界に平和を訴える。これこそ憲法九条の精神だ。

わたしは今でも心の底で、そう思っている。「非武装!」を訴える人たちの気持ちは一〇〇%、三〇〇%……理解できる。しかし人類史を調べ、〝闇の勢力〟の悪行、悪魔性を知るにつけ、それはまさに〝お花畑の論理〟だと痛感した。以下、疑問、問いに答える。

▼だれが国を守るんだ?――**「自衛隊に守ってもらう」**

▼憲法九条はどうする?――**「自衛隊は合憲とされる」**

▼憲法を改正するのか?――**「合憲なので改憲は不要」**

▼自衛隊を軍隊にする?――**「自衛隊法の改正でよい」**

▼小武装で安心なのか?――**「海岸が天然の防衛線だ」**

▼安全保障はどうする?――**「派兵せずに専守防衛で」**

これは、私案にすぎない。それぞれが、各々の意見を出し合うことが大切だ。

＊軍事同盟は結ばない……

（2）永世中立

なぜ第一次、二次大戦で連合軍に二六か国もの国々が参戦したのか？

不思議だった。その謎は「集団的自衛権」なる法律の存在でとけた。

これは調印した国が攻撃を受けたら、集団で攻撃する……という軍事条約なのだ。

まず名称が詐欺的だ。その本質は——集団的〝攻撃権〟なのだ。

そこには命令を下す〝ボス〟がいる。言わずとしれたアメリカなどの覇権国家だ。

「戦争やらかすから、チョット出てこいヤ」の一声をかけられたら駆け付けなければならない。

ヤクザの〝出入り〟とおんなじなのだ。

NATO（北大西洋条約機構）なども同じ。

だからプーチン大統領はウクライナに「NATOに加盟しないでほしい」と要求したのだ。

この集団的自衛権なる〝シバリ〟は、まさにヤクザやマフィアの〝掟〟とまったく同じだ。

このような戦争拡大システムに加わるのは愚の骨頂である。

＊文化、芸術でリード

（3）非同盟主義

だから日本は、ヤクザやマフィアには加わらない。

独自の〝わが道〟を行く。だれからも干渉されず、だれからも命令されず……。

これは軍事同盟を拒否するのであって、平和条約や友好条約などは積極的に結んでいく。

（4）全方位外交

これは、もちろん平和外交である。日本は、軍事力、経済力……では諸外国に劣っているかもしれない。しかし、日本は文化力では世界一と自負する。

この文化力によって全世界と全方位外交を行っていく。

二〇世紀は、産業（モノ）の世紀であった。

二一世紀は、芸術（ココロ）の世紀である。

日本人の高潔な精神性は、世界中から尊敬をあつめている。

もはや軍事力で争う時代は終わった。

日本は気高い文化力、さらには洗練された芸術力で世界をリードしていくべきである。

（5）BRICS加盟

ＢＲＩＣＳへの加盟は、日本が生き残る唯一の道だ。

その台頭は、一言でいえば白人支配に対する有色人種の対抗なのだ。さらに深掘りすれば、〝闇〟勢力に対する〝光〟勢力の対決――。〝闇〟とは〝イルミナティ〟〝フリーメイソン〟〝ＤＳ〟三層支配である。〝かれら〟はグローバリズムによりＮＷＯ（新世界秩序）を目指している。それは、究極の人類家畜社会、つまりは〝人間牧場〟だ。

そのことは本書で強調している。

新興国際秩序ＢＲＩＣＳが目指すのは真逆のローカリズム（一国主義）だ。各国がちがいを認めながら協調して繁栄を目指す。このようにＢＲＩＣＳは一〇〇〇年もの長きにわたる白人支配と決別し、ユダヤ金融資本が組織した秘密結社による闇支配とも決別を宣言している。

二〇二四年一〇月、三六か国参加のもと首脳会議開催。加盟国の人口は三五億人（世界約四五％）。さらにパートナー国一三か国を新たに認定。これまでＢＲＩＣＳへの支持・参加を表明している国々は八割近い。それも年々、急増している。

この新しい巨大潮流（メガトレンド）に乗り遅れている有色人種の国は日本ぐらいのものだ。Ｇ７、ＥＵ、ＮＡＴＯなど没落の一途を辿る欧州勢の末尾に着いて行くのは、地獄行き列車に乗っているのと同じだ。

基地が、国土が、海が、空が返ってくる！

＊真の独立国家に…

安保条約が廃棄されれば、米軍は撤退する。

すると日本列島を〝占拠〟していた基地も返還される。これは素晴らしいことだ。

これまで基地内は〝日本〟ではなかった。治外法権どころか日本人は立入禁止だった。

海も空も米軍支配された海域、空域は絶対不可侵の領域だった。

そんな米軍基地の配置を見ると、われらが日本列島は、完全にアメリカ軍に占領されていたことが、よくわかる。

特に沖縄は酷い。面積の半分近くが米軍基地なのだ。

戦後八〇年たった。なんという長き屈辱の日々だろう。

安保廃棄で、ようやく日本は真の独立を果たす。

これからは自らの二本の足で歩いていかねばならない。もうだれも助けてはくれない。

だれにも頼るわけにはいかない。これが真の独立国家というのだ。

＊ポスト安保！　国民運動

解決すべき課題は多い。しかし、それは、わくわくする喜びと希望に満ちている。

返還された広大な基地の敷地を、どう活用するか？

ここで要注意なのは〝金儲け〟を考える黒い〝やつら〟だ。

〝金の臭い〟をかぎつけた有象無象が返還基地の利権に群がるのは、目に見えている。

だから、われわれ国民は心の準備をしなければならない。プランA、プランB……と、住民、市民の参加のもと、開かれた場で議論は進められなければならない。

もはや、お花畑の住人は許されない。

井の中の蛙はジャンプして穴から飛び出さなければならない。

さらに政治家の方々に訴えたい。あなたがたは、どうしてポスト安保を議論しないのか？

どうして安保条約の終結を提案しないのか？　不思議でしょうがない。

「……そんなこと考えもしなかった」では政治家失格だ。

与党、野党を越えた――ポスト安保の未来を創造する国民運動――を提案する。

いまこそ、このチャレンジが必要なときだと確信する。

＊希望の未来に一歩ずつ

世界史の近代から現代にかけての二〇〇年間は、悪魔勢力が密かに支配してきた。
人類は……近代は「自由」「平等」「博愛」に満たされていると信じてきた。
しかし、それは悪魔たちの狡猾な〝洗脳〟だった。
〝やつら〟は、国家もメディアも学問も、すべてを掌握、籠絡していたのだ。
事実、近代から現代は――「戦争」と「謀略」と「幻想」に満ち満ちていたのだ。
しかし――。
二〇二四年、一人の偉大なリーダー、トランプがこの悪魔勢力に勝利した。
人類を〝闇〟から支配してきた〝やつら〟は、一敗地に塗れた。
〝闇の勢力〟たちは、暗黒に沈んでいこうとしている。
空を見上げよう。〝闇〟が滅び、未来に曙光《しょこう》が差してきた。
それは、次の世代へ結ぶ、導きの条光だ。
今こそ、われわれ人類は、希望の未来に向かうときだ。
倦《う》まず撓《たゆ》まず一歩一歩……歩みを進めなければならない。

エピローグ

「トランプを暗殺せよ！」〝やつら〟は決して諦めない

――〝悪魔〟たちの報復と反撃に備えよ。油断は禁物だ。

一ミリの差が人類の運命を分けた暗殺未遂事件

＊バレバレ手口と仕掛け

――わずか一ミリの差が人類史の明暗を分けた。

二〇二四年七月八日、トランプの耳を掠《かす》めた一発のライフル弾……。

これほど、〝やつら〟の殺意を物語るものはない。

では〝犯人〟はだれか？　むろん、二〇歳の〝容疑者〟クルックス君ではない。

彼こそは哀れな生贄《いけにえ》の子羊だ。しかし〝闇勢力〟は、この青年の犯行として、幕引を謀《はか》った。

むろんＤＳ側の米政府もメディアも、うやむやの一件落着とした。

まさにＪＦＫ（ジョン・Ｆ・ケネディ）と同じ。安倍首相と同じ。

こうして歴史の闇は繰り返される。

では――。真犯人はだれか？

『トランプ銃撃……黒幕はバイデンだ！』

わたしが月刊『ザ・フナイ』（２０４号）に寄稿した記事の見出しだ。

それは、こう続く。

「――ＳＳ（シークレット・サービス）、警察、メディア、すべてグル――」

これがトランプ暗殺未遂事件の真相である。

この陰謀劇は初めから実に稚拙だった。

事件の直前、「男がライフルを持ってるぞ！」と、多くの目撃者たちが指差し騒いでいる。

両手を振って、高所警備のＳＳカウンター・スナイパーに知らせる。

トランプから約一四〇メートル離れた倉庫屋上を〝クマのように〟這っていくクルックス青年を指差す。ＳＳ側も双眼鏡で、それを確認している。

なのに屋上で腹這いでライフルを構えた危険人物を、なぜか放置している。

要人警護の要諦は、銃器を構えた人物は発見次第、即射撃……。最低でも威嚇射撃は常識だ。

目撃者たちは近くを警備する警官にも知らせた。

しかし、なぜか警官は首と手を振って、その場から立ち去ってしまった。

＊「トランプを撃ち殺せ！」

目撃者の一人、グレッグ・スミス氏は証言する。

「……僕たちは大声で言った。『すぐそこだ！　見えるんだよ。這ってる』。だけど警官は何もしない。僕は不思議だった。『どうしてトランプは、まだ話しているんだ？　どうして壇上から降ろさないんだ？』僕は二分か三分の間（屋根の上の）男をずっと指さしているのに……」

そして五発の銃声……。クルックスは慌てて立ち上がり、その場から逃げだそうとした。

続く銃撃音。彼はSSスナイパーにより即座に無慈悲に射殺されて倒れた。

これらの事実が、この暗殺未遂事件のすべてを物語る。

クルックスは、まさにJFK事件のオズワルド役だ。

〝犯人〟にでっちあげられ、即、口封じで射殺された。

わたしが本稿で「黒幕バイデン」と断定した根拠がある。

事件に先立ってバイデンは公言している。

「……プット、トランプ！　イン　ア　ブルズ・アイ……」

〝ブルズ・アイ〟とは〝牛の眼を撃ち抜け〟という俗語だ。

つまりバイデンは「トランプを撃ち殺せ！」と公の場で発言している。恐ろしいというか正直というか、これが彼のホンネだ。この〝命令〟は、暗殺計画存在を示す決定的証拠でもある。

＊カメラマンも知っていた？

――暗殺計画指令は、以下の経路を辿ったはずだ。

……イルミナティ➡DS➡バイデン大統領➡マヨルカ国家安全保障局長➡チートルSS長官➡SS隊員➡地元警察……。

スミス氏らがクルックス容疑者を指差して騒いでいるのに、SS隊員も地元警察官もなぜか対応しなかった。それも当然である。〝かれら〟は暗殺チームの一員だったからだ。

ちなみに、あの有名なスクープ写真を撮ったカメラマンもチームの一員と確信する。

ピューリッツァー賞もかつて受賞したというかれは、なんとバイデン専属カメラマンだった。

だからトランプの取材には一度も行っていない。しかし、〝なぜか〟当日だけは、まさに演説会場のベスト撮影位置で待機していた。一体、かれは〝何を〟待っていたのか？

それはトランプ射殺の〝決定的瞬間〟だ。しかし一ミリの差がかれの思惑も外した。

しかし、しかし……なんと、あのトランプ、ガッツポーズの歴史的傑作を撮影してしまった。

まさに瓢簞《ひょうたん》からコマ……。もう一人。漁夫の利を得たカメラマンがいる。

あのトランプの耳を掠めたライフル弾丸を写真に捉えたカメラマンだ。

ライフル弾をフィルムに収めるには八〇〇〇分の一秒という超シャッター速度が必要という。

かれは、なぜこんな超高速シャッターを設定していたのか？

トランプ銃撃の瞬間を狙ったのだ。それしか考えられない。

これら事実から、この暗殺計画は、極めて周到に組織的に準備されたはずだ。

＊動画撮影でおびき出す

しかし上手の手から水が漏れる。キンバリー・チートルSS長官は、BBCの取材に「クルックスがいた倉庫に三人の警察側スナイパーが待機していた」ことを漏らしている。

しかしかれらはクルックスを目視していながら、何も対応していない。

ちなみにクルックスは高校時代、射撃部にいたが「あまりに下手で危険なのでチームから外された」と友人たちが証言している。かれが背負っていたライフルは父親の所有でスコープ（照準器）もない。それで約一三五メートルも離れたトランプの耳を射抜けるわけがない。

射撃したのは倉庫に潜む狙撃手たちだろう。給水塔の上にも人影が確認されている。

複数スナイパーが各所に配置されていたのは、まちがいない。

〝容疑者〟の青年は一八歳、高校生のとき、なんとあのDS側の巨大投資会社ブラックロックのCMに出演しているのだ。これで両者の関係が見えてきた。〝見えない糸〟がつながった。

これからはわたしの推理だが、まちがいないはずだ。

なぜクルックスは倉庫の屋根に登ったのか？

事前にブラックロック広告代理店から連絡が入った。

「……今回も動画出演を頼むよ。ギャラは弾むよ。SS（シークレット・サービス）の広報動画だけど、君、スナイパー役やってくれない？　ロング撮影ですぐ済むからさあ。ちょうどトランプさんの演説があるので、会場の雰囲気も撮影できるよね」

〝容疑者〟動画撮影説……。これが正しいと確信する。

なぜならクルックスは勤務先に「明日は出勤します」と告げている。

真の暗殺犯ならありえない。

また身元判明と同時に、彼のSNSや通話記録がすべて削除されている。

重大証拠がなぜ？　そこには広告代理店側と撮影打ち合わせの記録などが残っていた。

だからDSは速攻で抹消したのだ。

さらに重要な物証となるはずのかれの死体も即、焼却された。

これは安倍首相暗殺も同じ。〝闇の勢力〟の証拠隠滅《いんめつ》は一瞬の早業《はやわざ》だ。

〝やつら〟は、二波、三波で暗殺を狙ってくる

＊三人の命は大丈夫か？

トランプ当選以来、次期政権に向けて閣僚人事などが、急ピッチで進められている。

メディアは、それを〝ネック・ブレイク〟と驚嘆している。

つまり〝ムチ打ち〟になりかねない猛スピードなのだ。

とりわけ世界を驚嘆させたのがＲＦＫ（ロバート・ケネディ・ジュニア）とイーロン・マスクの重用だ。

その三人衆がトランプ新政権の要であることは、衆目の一致するところだ。

それと同時に各方面から懸念、不安の声が沸き上がっている。

「……この三人の命は大丈夫なのか？」

つまり敗北したディープステートからの報復と反撃だ。

〝やつら〟が、このまま引き下がるとは、到底思えない。

むろん……トランプ、ケネディ、イーロン……三人とも、これらの危険は重々承知だ。

これまでトランプは一〇回以上もの暗殺未遂にあっている……という。

RFKも伯父、父親を暗殺されている。身内でも何人も犠牲になっていると聞く。

覚悟は定まっている。そして十二分な危機管理を徹底しているはずだ。

イーロンも「変な人が僕を殺そうとしたんだ」とXにポストしている。

それ以来、身辺警護には留意している。

聞くところでは、かれを守るボディガード・チームは三〇名にもたっするという。

＊任期中四年間は常に危険

大胆不敵なマッチョぶりで国民的人気を集めているトランプ……。

しかし、あの間一髪の銃撃は大いに教訓となったはずだ。

まず大統領就任と同時に、マヨルカス元国土安全保障長官とキンバリー・チートル元SS長官を召喚し、背後関係を徹底追及するはずだ。

警護責任を怠った不作為行為でも完全にアウト。二人の犠牲者まで出した重大事件だ。

引責辞任で済む話ではない。業務上過失致死罪が問われて即拘束、逮捕はまちがいない。

（一説にはチートルは辞任と同時に逮捕され、キューバ、グアンタナモ刑務所に収監されているという）。

暗殺危機は大統領就任まではない。むろん就任後も危機は続く。

三人の政策はＤＳどころか、その上位に位置する〝イルミナティ〟、〝フリーメイソン〟の既得権益を木《こ》っ端微塵《ぱみじん》に破壊するものだ。

それは、さらに上位、悪魔のトライアングル――ワシントンＤ．Ｃ．、ロンドン・シティ、バチカン――の三極構造も粉砕し尽くす。

悪魔たちが大人しく受け入れるわけがない。

二波の暗殺攻撃が失敗すれば三波、四波……と次々に攻撃を仕掛けてくるだろう。

＊悪魔勢力は地上から消滅

わたしは思う。先手必勝……。攻撃こそ最大の防御だ。

敵の暗殺攻撃を待つのではなく、こちらから仕掛ける。

トランプは就任と同時に、世界一大国トップの権力を手に入れる。

ペンタゴンもＣＩＡもＦＢＩもＤ．Ｃ．のワニたちも完全一掃する。

あらゆる犯罪歴を調べ尽くす。そして一斉検挙する。

まさに蟻の子一匹逃さぬ体勢で摘発、起訴、収監する。

民主党は、「ヒトラー……!」と声を荒げるかもしれない。

しかし、そういう連中が一番怪しい。

荒療治と言われようと、手を緩《ゆる》めることはない。

このさい、悪魔たちの膿《うみ》は徹底して出し尽くす。〝かれら〟の存在を完膚なきものにする。

それこそが暗殺という悲劇を防ぐ、最良の攻撃だと確信する。

約二〇〇〇年もの長年にわたり、人類を〝闇〟支配してきた悪魔勢力――。

〝かれら〟を地上から完全消滅させる……。

それこそが、まさに天がトランプに与えた最大使命なのだ。

大統領任期四年間――。闇に潜む悪魔勢力の残党たちは、決して諦めないだろう。

「トランプ暗殺司令」二波、三波……と、出し続けるだろう。しかし、私は確信する。

それらは、すべて徒労に帰すだろう。

なぜなら、この男に託された〝天命〟は、それだけ雄々しく、眩《まぶ》しく、光輝いているからである。

〔著者略歴〕
船瀬 俊介（ふなせ・しゅんすけ）
地球文明批評家。1950年、福岡県生まれ。九州大学理学部を経て、早稲田大学文学部社会学科卒業。日本消費者連盟スタッフとして活動の後、1985年独立。以来、消費・環境問題を中心に執筆、評論、講演活動を行う。主なテーマは「医・食・住」から文明批評にまで及ぶ。主な著作に『日本民族抹殺計画』『完全図解版牛乳のワナ』『新装版3日食べなきゃ、7割治る！』『NASAは"何か"を隠してる』『幽体離脱 量子論が"謎"を、とく！』（以上、ビジネス社）、『未来を救う「波動医学」』『コロナと5G』『コロナの、あとしまつ』（以上、共栄書房）、『病院に行かずに「治す」ガン療法』『原発マフィア』（以上、花伝社）、『クスリは飲んではいけない!?』『ガン検診は受けてはいけない!?』（以上、徳間書店）、『できる男は超小食』（主婦の友社）、『日本の真相！知らないと「殺される!!」』（成甲書房）、『世界をだました5人の学者』『めざめよ！』（以上、ヒカルランド）などベストセラー多数。
船瀬俊介 公式ＨＰ　https://funase.net/
無料メルマガ『ホットジャーナル』発信中！
https://www.pdfworld.co.jp/5963/mm_form.html

トランプ暗殺指令

2025年 2 月 1 日　第1版発行

著　者　船瀬 俊介
発行人　唐津 隆
発行所　株式会社ビジネス社
〒162-0805　東京都新宿区矢来町114番地　神楽坂高橋ビル5階
電 話　03(5227)1602（代表）
FAX　03(5227)1603
https://www.business-sha.co.jp

印刷・製本　株式会社光邦
カバーデザイン　大谷昌稔
本文組版　茂呂田剛（エムアンドケイ）
営業担当　山口健志
編集担当　本田朋子

ISBN978-4-8284-2695-2

ビジネス社の本

NASAは〝何か〟を隠してる

UFO、天体、エイリアン……
宇宙は嘘に満ちている！

船瀬俊介……著

定価1760円（税込）
ISBN978-4-8284-2471-2

それでも、宇宙には
〝何か〟がいる……！

空を見ろ！　そこに、すべての「答え」がある。
2022年、米議会下院で50年ぶりの「UFOに関する公聴会」が行われ、アメリカの国防には「対宇宙政策」が打ち出された。「それは本物か？」の議論から「それは何か？」に進展しつつある。もう「トンデモ」と目を瞑ってはいられない！

本書の内容

第1章　やはり、月には〝何か〟がいる
第2章　月は、巨大な「人工天体」ではないか？
第3章　宇宙は「嘘」に満ちている
第4章　火星は〝緑の惑星〟で古代文明が栄えていた
第5章　太陽に地球の一〇倍〝超巨大〟UFOが接近
第6章　人類を〝創造〟したのは宇宙人である
第7章　エイリアンの技術を独占してきた〝闇の力〟
第8章　空を見ろ！　宇宙古代史こそ真の科学だ

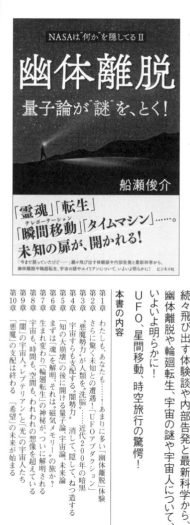